走進
涅瓦大街

托爾斯泰、高爾基、普希金、蕭洛霍夫......俄羅斯文學藝術的豐贍

NEVSKY AVENUE

吳玫——著　孔燕——攝

Vasily Perov

在聖彼得堡的教堂裡；莫斯科的新聖女公墓園中；
以詩人命名的咖啡館旁；十二月黨人廣場的銅像銘文前......

我從遙遠的地方前來憑弔，
憑弔所有以生命捍衛自身價值的靈魂，
那怕墓木已拱、帝國已崩，巡禮的腳步仍在繼續。

目錄

序言

　　我認識吳玫老師已經有 10 幾年的時間了。吳玫老師的正式職位是報社的編輯兼管理者。我知道吳玫老師畢業於師範院校，但我並不確定她是否當過老師。不過，從認識她的那一天開始，一直到今天，我一直稱她為「老師」。

　　這絕非出於客套，而是有理由的。

　　吳老師曾經多次向我邀稿，我當然敬謹奉命，為她主編的報刊寫過長長短短大概幾十篇文章。這就讓我有很多機會，領受吳老師嚴謹的編輯工作和扎實的文字底工。我們經常會為文中的幾個字爭執得不可開交，不過，最後的結果總是令我們都很滿意。所以，她是我文字方面的老師。

　　恐怕不僅僅是由於職業的關係，我想主要還是因為吳老師本身就是一位優秀的母親，她對如何教育孩子以及當下的教育問題，確實有真知灼見。我經常就犬子的教育問題，向她請教。吳老師不以為麻煩，每次都曉以

Preface

大義、黃鐘雷鳴，讓我感念，更令我欽佩。所以，她也是我教育方面的老師。

稱呼她為「老師」的理由很多，我還可以列舉下去。

往來時間久了，我也早已自居吳老師的好友之列，自以為對她相當了解。但是，近幾年來，我的這份自信卻日見動搖。我發現，在吳老師文靜雅致的外表背後，自有某種隱密的底蘊，極深極厚，如果沒有長時間的蓄積，實在是難臻於此。吳老師的人文藝術素養，我多少有所領略。即便如此，我還是為之驚奇讚嘆。我想，吳老師的朋友們，都會有類似的感覺吧！

或許是其子已學有所成的緣故，吳老師蓄積有年的底蘊還是顯露出來了。彷彿是一夜之間，她忽然開始發表大量的音樂評論。說「評論」或許未必恰當。那些傳播於友朋之間的音樂美文，是她聆聽欣賞西方古典音樂的感受與領悟，像極了閱讀文學經典之後自筆下流出的「讀後感」。她的聆聽和閱讀交融無間，自然別有意味。

吳老師是很安靜的，現在又彷彿一夜之間，忽然開始全世界旅遊了。說「旅遊」肯定不恰當，因為她怎麼會是一名過客般的遊客呢？吳老師依然是在閱讀。她用行走的腳步、移動的眼光，用似雲朵掠過天際的悠悠心情，在進行自己的閱讀。「行萬里路，讀萬卷書」是熟語

了，好像也並不足以描摹吳老師的閱讀。

眼前的這本書，就是吳老師閱讀俄羅斯的遊記文字，卻並不是一般的遊記。我相信，讀過這些文字的人，都會心生別樣的歡喜。

我和吳老師是同齡人。說得平凡簡單點，是「上有老、下有小」的 1960 年代後期；說得聳人聽聞點，就是「上氣不接下氣，中間幾乎斷氣」的 1960 年代後期。其實，對我們這代人來說，俄羅斯的文學和藝術是有特別意義的：我們出生在貧瘠甚至蠻荒的年代，那是我們珍貴無比、幾乎是唯一的資源和養分。如果順便說到音樂，那就是我在偶然聽到〈貝加爾湖畔〉時，會傷感，幾近落淚的原因。這種淒涼蒼白的無奈美感，是我們這代人共同記憶的回聲嗎？

如果大家有興趣了解一下「既為人子女、又為人父母」的我們這代人，願意感受一下我們「氣短」的痛苦和「斷氣」的憂懼，那麼，請讀讀吳老師的這本書吧！

我感謝吳玫老師的文字，更感謝讀者諸君的閱讀。

錢文忠

阿赫瑪托娃的皇村呢？

不少人認識了安娜·阿赫瑪托娃[1]以後，
就在聖彼得堡的皇村與她之間畫了等號。

阿赫馬托娃

一個人應當大病一場，神志不清
全身滾燙，在恍惚中重遇每個人，
漫步在海風吹拂、灑滿陽光的
海濱花園寬闊的林蔭大道上

甚至死者，今天已經同意光臨，
還有流放者，走進我的房子。
領著孩子把小手牽到我面前。
我已長久地錯過了他。
我會和那些死去的人一起吃著藍葡萄，
喝著冰紅茶
葡萄酒，然後望著灰色瀑布飛流直下
濺落在這潮溼的燧石河床上

1　安娜·阿赫瑪托娃（Anna Akhmatov, 889 ～ 1966），本名安娜·安
德烈耶芙娜·戈連科（Anna Andreyevna Gorenko），俄羅斯「白
銀時代」的代表性詩人。她曾被譽為「俄羅斯詩歌的月亮」（普
希金曾被譽為「俄羅斯詩歌的太陽」）。代表作：《黃昏》、《白
色的群鳥》、《安魂曲》等。

阿赫瑪托娃故居博物館窗戶上的詩歌，聖彼得堡

阿赫瑪托娃故居博物館內，聖彼得堡

　　親人死的死、流放的流放，孤苦伶仃的母親本應跟孩子相依為命，卻因為各種意外錯過了與他相親相愛的時機，安娜·阿赫瑪托娃在這首〈安魂曲·一個人應當大病一場〉中，苦楚地希望自己能夠進入大病的譫妄中。在那裡，她就可以在陽光下，海邊花園的林蔭大道上，與死去的被流放的親人以及疏離自己的兒子重聚，喝著冰紅茶和葡萄酒，閒看瀑布飛流直下。一個普通人卑微的願望，對一個天才女詩人來說卻是痴心妄想，只有在因大病而產生的虛妄中才能實現。你讀此詩會產生出怎樣的情緒？反正我是難過得無語凝噎，只能在夜半三更站在陽臺上遙望天空，希望看到一顆眨著眼睛的星星，我會以為那就是天堂裡的安娜·阿赫瑪托娃。我要問：「敬愛的女詩人，妳現在不需要靠著病中的胡思亂想才能與所愛的人歡聚了吧？」可是，夜空中已難見星星，於是，讀詩之後的苦澀更加苦澀。更要命的是，此詩詩末，清楚地標注著：1922年春。這意味著什麼？意味著生於1889年8月的阿赫瑪托娃，寫作此詩時，還是個美少婦。一位美少婦，卻要承受對老嫗來說大概可相稱的苦難，怎不叫愛詩愛美人的讀詩者，黯然神傷。

安娜·阿赫瑪托娃肖像畫，莫迪利亞尼作品

　　沒有人懷疑安娜·阿赫瑪托娃是一位美人吧？不確定的話，可參看義大利天才畫家莫迪利亞尼[2]為阿赫瑪托娃畫的線條畫。如今收藏在阿赫瑪托娃故居博物館裡的這幅線條畫，今天我們仔細端詳，會看到莫迪利亞尼在勾勒坐在對面的女詩人時，下筆那麼堅定！一位畫家在紙上落下模特兒的樣子時，什麼情況下才會落筆無悔？一定是對對面那個人瞭若指掌的時候！是的，莫迪利亞尼速寫這幅素描時，正深愛著女詩人，幾乎一筆完成女詩人有點豐

2　莫迪利亞尼（Amedeo Modiglian, 884 ～ 1920），義大利藝術家、畫家和雕塑家，為表現主義畫派的代表藝術家之一。 莫迪利亞尼的特色是大膽創作裸女畫，曾受到當代保守風氣嚴厲批評，時至後世才獲得認可。莫迪利亞尼自幼即受到古代和文藝復興美術的薰陶，且與巴勃羅·畢卡索、康斯坦丁·布朗庫西等著名藝術家交情匪淺，進而受到 19 世紀末期新印象派影響，以及同時期的非洲藝術、立體主義等藝術流派薰染，創作出深具個人風格，以優美弧形為特色的人物肖像畫，而成為表現主義畫派的代表藝術家之一。

腴的形體以及幾乎沒有細節的女詩人容貌，面對這樣的畫作，我們也許會覺得莫迪利亞尼在敷衍，但是，同樣深愛畫家的阿赫瑪托娃，卻在線條的遊走中看到了畫家的情意，所以，收拾行李回家時，女詩人將這幅速寫帶回家了。

　　兩個人相愛的時候，莫迪利亞尼畫裡的阿赫瑪托娃在看誰？最可信的說法是，她在看畫家莫迪利亞尼。當時，他 27 歲，是巴黎藝術圈裡有名的美男子，且畫名不凡。儘管遇見莫迪利亞尼的時候阿赫瑪托娃正在與第一任丈夫古米廖夫度蜜月，但有人親眼看見，阿赫瑪托娃曾手捧玫瑰站在莫迪利亞尼家的窗下，久等莫迪利亞尼不回，阿赫瑪托娃甚至將玫瑰扔進了窗裡。那束花到底是玫瑰還是罌粟？美到絕頂卻有毒，從此，蠱惑得阿赫瑪托娃總是踩不準愛情和婚姻的節拍。

　　與詩人古米廖夫[3]的婚姻持續了 8 年後觸礁，兩人各奔東西後不久，阿赫瑪托娃嫁給了考古學家弗拉基米爾·希里奇科[4]。阿赫瑪托娃覺得，第一次婚姻失敗罪尤在己，「我走向他，感覺自己是這麼骯髒，我想淨化自己。」她要擺脫在情人間周

3　古米廖夫（Nikolay Gumilyo, 886 ～ 1921），俄羅斯詩人，阿克梅派創始人之一。詩人阿赫瑪托娃的前夫。代表作：《長頸鹿》、《河馬》、《貢德拉》等。

4　弗拉基米爾·希里奇科（Vladimir Shileyko, 1891 ～ 1930），俄羅斯東方學家、考古學家、詩人、翻譯。

阿赫瑪托娃、古米廖夫與他們的兒子

阿赫瑪托娃與希里奇科

旋的舊日生活，好好地經營婚姻和家庭。恰好，希里奇科要的是妻子而不是詩人。但阿赫瑪托娃不諳家事，又與當時的蘇聯人民一樣陷入了貧困交加之中，與希里奇科感情的裂縫始於難以為繼的一日三餐，終於阿赫瑪托娃不肯捨棄的詩文創作。也是，生活如此困厄，如果阿赫瑪托娃捨棄寫詩，她還能透過什麼度過苦厄？不過，她的第三次婚姻就讓人覺得匪夷所思了，與藝術史家普寧[5]締結婚約以後，她竟然同意與普寧還未離婚的妻子生活在同一個屋簷下。而普寧，竟然還時不時地繞過阿赫瑪托娃，去妻子的床榻送安慰，從精神到肉體。奇怪的是，面對普寧帶給她的冷暴力，阿赫瑪托娃居然忍氣吞聲，始終與之生活在豐坦卡的大樓裡，直到普寧在妻子過世後再娶他人；直到普寧被流放到西伯利亞。這到底是為了什麼？

　　既然到了俄羅斯；既然到了聖彼得堡；既然到了皇村，我想找一找答案。

　　聖彼得堡的皇村，如今聖彼得堡人更

5　普寧（Nikolay Nikolayevich Punin, 1888 ～ 1953），俄羅斯藝術學者和作家。他編輯了幾本著名雜誌，如《伊佐布拉齊特爾諾耶·伊斯庫斯特沃》等，也是俄羅斯博物館肖像部的聯合創始人。普寧是詩人安娜·阿赫瑪托娃的終身朋友和伴侶。

願意稱它為普希金城，就在聖彼得堡城南
25 公里處。皇村的主要風景，是葉卡捷
琳娜宮，在這棟淺色屋頂、藍色牆體的宮
殿裡，昔日沙皇奢華的生活場景被一一重
現。而英式的葉卡捷琳娜花園和亞歷山大
新公園，則與葉卡捷琳娜宮一起展現著皇
村皇家氣息的餘韻。

　　我們從莫斯科出發的高鐵到達聖彼得
堡時已是中午，午餐之後直奔皇村，售票
處已經神龍見首不見尾。他們是來見識沙
皇鼎盛時期的奢華生活的嗎？大多數慕名
而來者，是為了普希金。年少時，普希金
曾經在這裡的貴族學校讀過書，在這裡留
下了足跡，也在俄羅斯文學的歷史裡留下
了一首詩——〈皇村回憶〉。這首為考
試而寫的詩，一經作家本人在課堂上朗誦
後，就長了腿，走遍了俄羅斯，走向了當
時的歐洲文壇。而普希金，也成為將俄羅
斯文學帶至一種新境界的偉大詩人，《葉甫
蓋尼·奧涅金》、《上尉的女兒》、《黑桃皇
后》（*The Queen of Spades*）……大學時期，
為了那一套《普希金詩集》，我曾經忍飢挨
餓，至今都還記得，那一套詩集由上、下

皇村周圍風景 1

兩本組成，一本絳紅色封面、一本墨綠色封面。只
是，喜歡〈假如生活欺騙了你〉已是很久以前的事
情了，我來皇村想要祭奠的，是被生活欺騙了的安
娜·阿赫瑪托娃。於是就問年輕的導遊爾丹，附近
有阿赫瑪托娃紀念館嗎？她茫然了好一會兒，搖著
頭指了指不遠處普希金的塑像：黝黑的普希金坐在

皇村周圍風景 2

長椅上，右手托在腦後，左手愜意地搭在椅背上，
彷彿在回憶年少時他在皇村的一天又一天。

普希金紀念碑，聖彼得堡皇村

　　皇村因為普希金而榮耀天下。難道它不應該也因為安娜·阿赫瑪托娃曾經生活在這裡而自豪嗎？這位在皇村生活了 16 年的女詩人，曾經這樣描述皇村：「富麗堂皇、蒼翠欲滴的花園，奶奶帶著我玩耍……」。所以，我不相信聖彼得堡會抹去阿赫瑪托娃在皇村的足跡，只是我不知道。如果知道，我一定要在阿赫瑪托娃當年行走過的街道、玩耍過的花園、進出過的店鋪走一走，要在阿赫瑪托娃居住過的房子前站一站，或許，我就能找到問題的答案了。這個問題是，能讓全世界喜歡讀詩的男人俯首稱臣的傑出女詩人，為什麼總是匍匐在婚姻的陰影

裡？難道她不知道，除了詩人，她還是一位很有魅
力的女人嗎？

皇村

　　1945 年 9 月，出生於里加、後隨全家移民到
英國並成為偉大思想家的以賽亞·柏林[6] 趁著隨同英

6　以賽亞·柏林（Sir Isaiah Berli, 909 ～ 1997），英國哲學家及觀念史學家，被

國政府訪問蘇聯期間，想盡辦法與他仰慕已久的安娜·阿赫瑪托娃會面，時年，阿赫瑪托娃 56 歲，柏林 36 歲。關於第一次見面，柏林回憶說：「阿赫瑪托娃從容不迫的動作讓她顯得極為尊貴 —— 高貴的頭、美麗而嚴肅的臉，透著極為悽楚的表情。我向她鞠一躬 —— 這看來是恰當的，她像悲劇中的女皇般凝視和走動 —— 感激她接待我。」這懾人魂魄的第一面，讓以賽亞·柏林不能自已，當日，兩人再次相見，徹夜長談，關於詩歌和人生。4 個月以後，以賽亞·柏林再度來到蘇聯與阿赫瑪托娃見面，原因是，回到英國以後的柏林，發現自己已經放不下阿赫瑪托娃。一個 56 歲的女人對 36 歲的男人有這樣的吸引力，除了詩就沒有愛情嗎？無論有還是沒有，柏林的唐突讓阿赫瑪托娃失去了在蘇聯出版詩集的可能，從此，阿赫瑪托娃更加孤苦、更加孤寂、更加傲視集權。

只是，如此有魅力的女詩人，結婚 3 次，一生都在與情人糾纏，怎麼就找不到可以託付終身的伴侶？如果答案不在她長大的皇村，又會在哪裡呢？也許在豐坦卡大樓那間阿赫瑪托娃長時間居住過的房間裡。可是，為什麼沒有人告訴我，現在，那裡

認為是 20 世紀的頂尖自由主義思想家。柏林對自由主義理論的論述影響深遠，他在 1958 年的演說「兩種自由概念」（Two Concepts of Liberty）中，區分了積極和消極自由，對以後關於自由和平等的討論產生了極大的影響。

已經成為阿赫瑪托娃博物館了。

以賽亞‧柏林

背誦他，延續他

1916 年初，奧西普·曼德斯坦[1]在克里米亞海邊與茨維塔耶娃[2]相識，是年，曼德斯坦 25 歲，茨維塔耶娃 24 歲。正值生命的汁液最飽滿的年華，又都是多愁善感的詩人，兩個人相愛的熱度節節攀升，克里米亞海邊兩個星期的假期過完以後，他們已經如膠似漆。家在聖彼得堡的曼德斯坦奔波於聖彼得堡和莫斯科之間，去茨維塔耶娃的城市看望心愛的女孩。被曼德斯坦苦苦追求的甜蜜，讓茨維塔耶娃喜不自禁，只要曼德斯坦來到莫斯科，茨維塔耶娃就會帶著他四處遊歷，「1916 年的 2 月至 6 月是我生活中最美妙的日子，因為我把莫斯科送給了曼德斯坦。」茨維塔耶娃熱情而不無羞澀地宣稱。

曼德斯坦

茨維塔耶娃

1　奧西普·曼德斯坦（Osip Mandelstam, 1891 ～ 1938），俄羅斯詩人、評論家，阿克梅派最著名的詩人之一、20 世紀俄羅斯最重要的詩人之一。他的詩一開始受象徵主義影響，後轉向新古典主義並具有強烈的悲劇色彩。代表作：《石頭》、《特里斯提亞》、《無名士兵的詩》等。

2　茨維塔耶娃（Marina Tsvetaeva, 1892 ～ 1941），俄羅斯白銀時代詩人和作家。布洛茲基稱其為 20 世紀俄羅斯最偉大詩人。代表作：《傍晚的紀念冊》、《里程碑》等。

By Heart   Ayana Mathis

"Blossoms rupture and rapture the air,
 All hover and hammer,
Time intensified and time intolerable,
sweetness raveling rot.
It is now. It is not.
                              -Osip Mandelstam
                              And I Was Alive

6

曼德斯坦詩選　英文版插圖版內頁

　　十月革命以後，流亡法國的作家愛倫堡[3]在他的《人·歲月·生活》一書中這樣描述奧西普·曼德斯坦：「他身材矮小，體質虛弱……是個任性的、心胸狹隘的、忙忙碌碌的孩子。」心胸狹隘葬送了兩位詩人的戀情，曼德斯坦無法接納熱情似火的茨維塔耶娃。1916 年 8 月，他從茨維塔耶娃身邊逃走，他們的愛情故事畫上了休止符。

愛倫堡

　　1919 年，曼德斯坦遇到了娜傑日達[4]，兩個人很快結婚。當才華橫溢的曼德斯坦娶了遠遠不及茨維塔耶娃有光彩的娜傑日達時，詩人的朋友中有沒有人扼腕嘆息過曼德斯坦與茨維塔耶娃之間的愛情無疾而終？不知道。我們知道的是，娜傑日達用了 60 多年的時間證明，她才是與奧西普·曼德斯坦最匹配的女人。

娜傑日達

　　奧西普·曼德斯坦，1891 年 1 月 3 日出生在華沙一個猶太人家庭，1938 年 12 月 27 日死於海參崴一個前往勞改營的中轉站，終年 47 歲。生命不長，但是，曼德斯坦用

3　愛倫堡（Ilya Ehrenbur, 891 ～ 1967），蘇聯猶太作家、新聞記者和歷史學家。

4　娜傑日達（Nadezhda Mandelsta, 899 ～ 1980），蘇聯作家，詩人奧西普·曼德斯坦的妻子。代表作：《心存希望》、《被放棄了的希望》等。

他的詩成為了俄羅斯，不，全世界最長久的思念。

而成全我們在曼德斯坦用詩構建起來的靈魂世界裡沉潛並輾轉的，就是娜傑日達，曼德斯坦的太太。

這個從嫁給詩人那天起就只想過安穩日子的女人，卻因為丈夫思想過於鋒利和前衛，在她的 81 年人生中受盡了磨難。

奧西普·曼德斯坦的創作高峰，出現在十月革命勝利以後的蘇聯，這個小個子男人真是生不逢時，創作靈感將其送至巔峰狀態時，恰逢蘇聯言論管控最嚴密之際。1934 年，迫於史達林的威權，蘇聯的作家們大多已經噤若寒蟬，但一直在曼德斯坦腦子裡躁動的詩行，沒有因為紅色恐怖的殘酷而稍作停歇，最終變成了「克里姆林宮裡的山裡人」、「那肥胖的指頭像蟲子」、「發出馬蹄掌般的一道道命令」這樣的詩句。當局說，這樣的詩句就是寫來反對、諷刺、挖苦史達林的，曼德斯坦能否認嗎？同年 5 月 13 日，與曼德斯坦惺惺相惜的女詩人阿赫瑪托娃正好在他們家中做客，因為談興很濃遲遲未歸，半夜 1 點多，突然響起了敲門聲。娜傑日達一聽，「是來抓奧西普的。」說罷前去開門。不知那時的娜傑日達是否想過，自己終生將生活在這種等待另一隻皮靴落下來的驚恐中？

曼德斯坦雕像，莫斯科

　　曼德斯坦突然被捕了，雖然他的作家朋友們紛紛出面營救，他卻還是獲罪，被判了 3 年流放。丈夫的家鄉聖彼得堡是沒有辦法再待下去了，娜傑日達只好隨丈夫被發配到烏拉爾山區的切爾登市。這個歐亞大陸交界處的小鎮，冬天漫長多雪，人口稀疏，這讓喜歡結交朋友的曼德斯坦倍感不適，孤獨

和寂寞讓他罹患了精神分裂症，他從醫院的窗口跳樓自殺，未遂，摔斷了手臂。消息傳到他的好友布哈林的耳朵裡，在他的全力斡旋下，曼德斯坦夫婦被允許搬遷到俄國的南方弗羅涅日。

弗羅涅日位於俄羅斯歐洲部分的西部，在莫斯科以南 500 公里處，美麗的頓河從城邊緩緩流過。曼德斯坦夫婦無暇欣賞美麗的頓河，就算是去電臺、報社和雜誌社三個地方打零工，曼德斯坦都無法養活自己和妻子，他又不被允許進入首都，無奈之下，娜傑日達只好奔走於弗羅涅日和莫斯科之間，用在莫斯科打零工獲得的報酬貼補家用。眼見妻子的忙碌和勞碌，曼德斯坦非常心疼，「我不希望妳變成一個到處找工作的人……」可是，沒有娜傑日達奔波到莫斯科賺取的那一點點盧布，他們夫婦能撐到 1937 年的 5 月 16 日嗎？

1937 年 5 月 16 日，曼德斯坦刑滿獲釋，但這並不能改善他們夫婦的生活，因為曼德斯坦被規定，不能居住在任何大城市，他只好帶著娜傑日達在莫斯科周邊的小鎮漂泊。那些日子裡，娜傑日達把僅有的幾件家當裝進行囊，還有自己的性命。女人的第六感告訴她，就算是這種漂泊不定的生活，也不屬於他們夫婦。果然如此。

1938 年 5 月 1 日，曼德斯坦再次被捕，原因

是，他寫信到作協，希望在他們的幫助下，自己與
妻子的生活能夠安定下來。那時，一直被視為曼德
斯坦保護傘的布哈林已遭清洗，在蘇維埃政權裡失
去了依靠的曼德斯坦被人落井下石，而這一次他得
到的罪名更加嚴重：反革命。

　　沒有人告訴娜傑日達，她的丈夫被關在哪裡，
又將要被送往哪裡，她從丈夫寄給他弟弟的信中獲
知，丈夫已經虛弱得奄奄一息，希望得到禦寒的衣
被。寄往海參崴的棉衣棉被在來年被原封不動地退
了回來，見到包裹，娜傑日達一定在倒吸一口涼氣
後確認：自己最害怕的事情還是來了，丈夫奧西普·
曼德斯坦死了，病死、餓死、凍死在異鄉了。

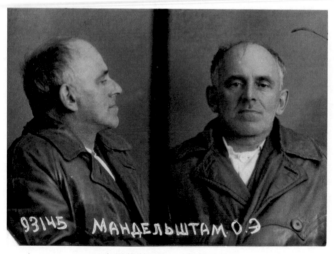

1938 年曼德斯坦第二次被捕時的照片

反革命丈夫死了，作為反革命家屬，娜傑日達完全可以選擇與曼德斯坦脫離關係，以洗刷辯白自己的身分，但她卻選擇了一條對一個女人來說意味著貧困、艱苦、寂寞的人生道路。

莫斯科西北部有一座城市叫普斯科夫，那裡的一座大教堂被後來流亡美國的蘇聯作家布洛茲基[5]認為是蘇聯最宏偉的教堂，他想去看看那座教堂，那一年是 1962 年。安娜·阿赫瑪托娃得知這個訊息以後，建議布洛茲基順路去拜訪一下奧西普·曼德斯坦的太太娜傑日達。

1962 年，距離曼德斯坦因為反革命罪客死海參崴已經 24 年，但在布洛茲基看來，國家因為痛恨詩人生前的所作所為以及那些永遠不會消逝的詩行，遷怒於一個孤苦伶仃的婦人。娜傑日達去世之後，在一篇〈娜傑日達·曼德斯坦〉的訃聞中，布洛茲基這樣回憶他在普斯科夫教育學院教授英語時「享受」到的生活條件：「它（娜傑日達居住的房子）的面積有 8 平方公尺，

布洛茲基

5　布洛茲基（Joseph Brodsk, 940 ～ 1996），蘇聯出生的美籍猶太裔詩人、散文家。代表作：《我坐在窗前》、《見證與愉悅》、《小於一》、《布洛茲基談話錄》等。

相當於一般美國家庭的浴室那麼大。房中的大部分空間都被一張鑄鐵製的床占走了，除此之外還有兩把柳條椅、一個鑲著一面小鏡子的衣櫥和一張多用途的床頭桌。」那是一處破敗得能讓女人喪失生活勇氣的住所。

與這種簡陋的生活環境形成對比的，是娜傑日達豐富的內心世界。在同一篇文章裡，布洛茲基回憶那間陋室裡令他驚奇又驚喜的一幕：「桌上有幾個盤子，盤子裡盛著她晚飯吃剩的東西，盤子旁邊放著一本打開的硬皮書 —— 以賽亞·柏林的《豪豬與狐狸》。」以賽亞·柏林，俄裔英籍猶太思想家。第二次世界大戰期間曾經以英國大使館工作人員的身分與邱吉爾（Churchill）的兒子一起到過莫斯科，並在那裡與女詩人安娜·阿赫瑪托娃有過兩次聞名全世界的促膝長談 —— 關於詩歌和蘇維埃。在那間陋室裡，布洛茲基在自己的所見中唯獨就這本紅色封面的《豪豬和狐狸》大書了幾筆，資訊量巨大：一是表明，1962 年的莫斯科，已經對思想犯家屬的管控有所放鬆；二是用娜傑日達在困境中閱讀禁書的細節表明，她從來沒有懼怕過集權的箝制；三是處境也不佳的安娜·阿赫瑪托娃以其膽氣和豪氣，盡己所能地保護著好友的遺孀並給她極大的精神鼓勵。布洛茲基的判斷非常準確，曼德斯坦死於非命

之後，當過兩次反革命遺孀的阿赫瑪托娃深知娜傑日達度日如年的艱難，不停地幫助娜傑日達，最值得我們稱頌的是，大饑荒時期，阿赫瑪托娃把娜傑日達接到她身邊，將自己不多的食物分給她。

安娜·阿赫瑪托娃的友情和以賽亞·柏林的書籍的確給了無望的娜傑日達活下去的勇氣。不過，娜傑日達在丈夫死後之所以能夠堅持著在這個對她過於殘忍的世界裡又生活了 42 年，是因為一個隱祕的願望始終支撐著她。這個願望，就是要看到丈夫的作品能夠出版，能夠被更多的人讀到，丈夫能夠因為這些傑出的詩句而榮耀。

沒有人向娜傑日達宣布過她的丈夫已經客死他鄉，來報丈夫死訊的，只有那個她親手縫製的、裝滿她的牽掛和擔憂的包裹。從那時起，娜傑日達便很清楚奧西普·曼德斯坦在集權眼裡的「顏色」，她又耳聞目睹過那些作家、詩人一旦被捕，所有的作品都被搜剿、毀棄的倒行逆施，而她身為一個不肯向當局妥協的反革命遺孀，不知道哪一天，祕密員警就會盯上她，那樣的話，丈夫那些嘔心瀝血之作，很有可能蕩然無存。是的，可以將丈夫的手稿藏匿起來，甚至，自己可以抄錄一遍丈夫的作品當備份再藏匿起來，但娜傑日達已經不相信白紙黑字能夠保存到丈夫的作品被允許出版的那一天，她覺

得，唯一穩妥的辦法，就是將丈夫用生命換來的詩背誦下來。雖然娜傑日達已到中年，又思慮過度，還缺乏必需的營養，記憶力極度衰退，常常是剛剛背熟的詩，一轉眼就已在腦海裡了無痕跡。但是，她雖沮喪卻不放棄，在普斯科夫是這樣，到了 1960 年代末期、1970 年代早期，娜傑日達被允許搬遷到莫斯科郊區的公寓裡，她更是將背誦丈夫的作品當成日常必做的功課，只是那時，她的功課又多了一項，就是不停地為蒙冤而逝的丈夫寫申辯資料。

1973 年，曼德斯坦的詩集終於出版了。當丈夫的詩集集結成一本書放在自己面前時，娜傑日達真是百感交集。丈夫第一次被捕刑滿釋放之後，為能果腹，自己從弗羅涅日去莫斯科打工時的艱難；確認丈夫死訊後，生怕自己也遭不測東躲西藏的悽惶；獨自一人在普斯科夫簡陋的 8 平方公尺小屋裡孤寂度日的無望⋯⋯這些往事一股腦兒浮現在眼前，娜傑日達覺得，應該把它們記錄下來，那一年，她已經 65 歲了。

一個從來沒有想過要當作家的老嫗；一個打算寫回憶錄的老嫗，之前唯一的寫作經歷就是寫丈夫的申訴資料。然而，她一落筆便嚇倒了一批文人，他們發現，娜傑日達的文筆，竟然帶有強烈的奧西普·曼德斯坦的風格！竟有此事！後來，人們解構

不同語言版本的曼德斯坦詩選

此事，覺得是因為娜傑日達長年累月地背誦丈夫的詩，久而久之，她竟與丈夫遣詞造句的習慣漸漸相同了。

《對抗希望的希望》、《被放棄的希望》、《曼德斯坦夫人回憶錄》……等娜傑日達的著作，幫助奧西普·曼德斯坦的詩名流傳到了全世界。今天，我們能受惠於奧西普·曼德斯坦的思想和文學，毫無疑問，是因為世間有一位名叫娜傑日達·曼德斯坦的女人。

娜傑日達以 81 歲高齡去世之後，布洛茲基寫給她的訃聞中有這樣的表述：「她像是一場大火的餘燼，像是一塊沒有燒透的炭；你若碰碰它，它便燃燒起來。」布洛茲基把男人能給女人的最高讚賞，給了娜傑日達·曼德斯坦。

高爾基去過克里姆林宮後

紅場，是每一位到莫斯科遊玩的旅人必到的一個地方。俄語的另一層意思為「美麗廣場」的紅場，因為廣大，彷彿再多遊客湧入其間，都會被吸附：地上的長方形石塊照樣閃著幽光、牆上的紅磚照樣含蓄得耀眼、聖母安息主教座堂（又名聖母升天大教堂）的尖頂照樣奪目、古姆百貨商場（又名國家百貨商場）照樣用一副愛理不理的姿態宣示它淡而又淡的名貴。只有列寧陵墓前，排著很長很長的隊伍，人們耐心地挪動著緩慢的腳步，等待走進去，看一眼安睡在水晶棺材裡的列寧。

紅場 —— 斯巴斯克塔

紅場 —— 古姆百貨

紅場 —— 聖母安息主教座堂

就算極度緩慢，從走進安放著列寧棺槨的墓室到圍著經過技術處理，百年以後看起來還像在熟睡中的列寧遺體轉一圈，頂多 3～5 分鐘，我們卻為這 3～5 分鐘用了 1 個多小時排隊等候。剛剛度過 20 週歲生日的俄羅斯女孩麗達表示很不能理解：為什麼要去看一個死去那麼多年的人？他把俄羅斯搞成什麼模樣你們知道嗎？他其實是一個德國人……。我們冷眼看著麗達，用行動表示，哪怕再多 1 倍的時間我們也要去看看列寧，與歷史如何蓋棺論定無關，只因為在我們比麗達還小很多的時候，這個小個子、禿腦袋、說起話來喜歡將雙手大拇指插在西裝背心袖口的外國人，曾經不容置疑地左右了我們的思想。

紅場 —— 列寧墓

紅場——先賢祠

　　高科技讓水晶棺材裡的列寧遺體鮮活得猶如昨天他還在跟這個世界相談甚歡。我們一邊討論著是什麼技術能做到讓一個百年前故人的面容還如此真切，一邊走進了紅場的先賢祠。抬頭望去，十二塊墓碑各歸其主：史達林、布里茲涅夫[1]、安德洛波

1　布里茲涅夫（Leonid Brezhne, 906 ～ 1982），蘇聯領導人、蘇聯元帥，曾任蘇

夫[2]、契爾年科[3]、捷爾仁斯基[4]、朱可夫元帥[5]、列寧的妻子克魯普斯卡雅[6]、高爾基[7]、伏羅希洛夫[8]、夫隆芝[9]、蘇斯洛夫[10]、第一位太空人加加林[11]等。

在紅場的先賢祠看見高爾基墓碑時，我心潮澎湃。他是我最早讀到其作品的外國作家。還在童年

聯共產黨中央委員會總書記（1964～1966 年間為第一書記）、蘇聯最高蘇維埃主席團主席（國家元首），掌權共 18 年。

2　安德洛波夫（Yuri Andropo, 914～1984），蘇聯第 6 位最高領導人，1982 至 1984 年間擔任蘇聯共產黨中央委員會總書記。

3　契爾年科（Konstantin Chernenk, 911～1985），蘇共中央總書記、蘇共中央政治局委員、中央書記、蘇聯最高蘇維埃主席團主席。

4　捷爾仁斯基（Felix Dzerzhinsk, 877～1926），波蘭裔白俄羅斯眾議院貴族，蘇聯國家安全委員會的前身——全俄肅反委員會（簡稱「契卡」）的創始人。

5　朱可夫元帥（Georgy Zhuko, 896～1974），蘇聯軍事家，蘇聯元帥，因其在德蘇戰爭上的卓越功勳，被認為是第二次世界大戰中最優秀的將領之一。也成為僅有的 4 次榮獲蘇聯英雄的兩人之一，另外一人是列昂尼德·布里茲涅夫。

6　克魯普斯卡雅（Nadezhda Krupskay, 869～1939），列寧的妻子和遺孀，蘇聯布爾什維克革命家、政治家。她於 1898 年與列寧結婚，1929～1939 年任俄國教育部副部長。

7　高爾基（Maxim Gork, 868～1936），蘇聯社會主義、現實主義文學奠基人、政治運動家、蘇聯文學的創始人。代表作：《童年》、《我的大學》、《在人間》等。

8　伏羅希洛夫（Kliment Voroshilo, 881～1969），前蘇聯領導人，著名的政治家、軍事家和國務活動家，蘇聯元帥（1935 年），曾於史達林死後出任蘇聯名義上的國家元首 7 年。

9　夫隆芝（Mikhail Frunz, 885～1925），蘇聯與吉爾吉斯的共產黨人、軍事家、統帥，與托洛茨基同是蘇俄軍事體系的建構者。

10　蘇斯洛夫（Mikhail Suslo, 902～1982），前蘇聯政治家，長期擔任蘇聯共產黨中央政治局委員和中央書記處書記，蘇聯共產黨中央委員會國際部部長。在最高權力核心擔任要職，負責蘇聯意識形態工作。

11　加加林（Yuri Gagari, 934～1968），前蘇聯空軍的太空人，蘇聯紅軍上校飛行員，是首位進入太空的人，在太空競賽中取得重要的里程碑。加加林成為國際名人，並獲得了許多勳章和頭銜，其中包括蘇聯最高榮譽——蘇聯英雄獎章。

高爾基

時期，我就讀過改編自他的 3 部曲的連環畫。比常
見的雜誌小了一半的開本，每一頁都被畫面占據了
大半面積，只在畫面的下方有 2 ～ 3 行文字說明。
每一本書都不厚，相較於高爾基的原著，我讀到的
3 本連環畫要精簡許多，但我的童年和少年時期太
缺乏讀物了，而高爾基講的故事，苦情、溫暖、勵
志等這些在今天看來暢銷的元素，一項不缺，於是
它們深深地印刻在我的記憶中。

　　我為《童年》中喪父的阿廖沙隨母親回到外祖
父家後常常食不果腹、衣不蔽體而啜泣；我為《在
人間》中因為外祖父家慘遭災禍，10 歲的阿廖沙不
得不去當繪圖師的學徒、到輪船上當洗碗工、去聖

像作坊當徒工，備受凌辱而悲傷；我為稍稍長大的阿廖沙終於可以自主地在喀山的貧民窟和碼頭這樣的「社會大學」中接觸到革命團體、讀到《共產黨宣言》和《資本論》等著作感到欣慰，甚至羨慕——誰在少年時期不曾跟父母有過矛盾？每每與父母產生衝突，我就會告訴自己，忍一忍吧！再長大一點就能像高爾基一樣，去隨便什麼地方讀「社會大學」。

再長大一點，我就在語文課上讀到了高爾基的散文〈海燕〉（又名〈海燕之歌〉）和〈鷹之歌〉。這兩篇散文，不知道讓多少原本就血脈賁張的青少年更加熱血澎湃，所以，上高中、上大學、當老師以後，我不知道聽過多少次他或她站在簡易的舞臺上，面孔因豪情萬丈而通紅，開始朗誦：「在蒼茫的大海上，狂風捲著烏雲……」。

很久以來，對高爾基的認知，就是一位紅色作家，直到 1998 年讀到《不合時宜的思想》這本書。

十月革命最初時期，高爾基在彼得堡自己辦的《新生活報》上發表大量文章，謾罵和攻擊列寧及十月革命。他反對武裝起義奪取政權，一切政權歸蘇維埃；反對列寧「消滅言論自由、新聞自由、出版自由」的政策；反對推翻選舉產生的立憲議會，實行無產階級專政；還反對簽訂《布列斯特和約》

等。在這些原則下，他對十月革命採取了徹底反對的立場。高爾基的這些文章，結集為《不合時宜的思想 —— 關於革命與文化的思考》。此書沒有被收錄進30卷本的《高爾基全集》，70年後才重見天日。

乍讀中譯本的《不合時宜的思想》，我簡直不敢相信作者是被列寧稱為「無產階級藝術的最傑出代表」的高爾基！這是另外一個我們感到陌生的高爾基，一個閃耀著人道主義思想的偉大作家。懷著對《不合時宜的思想》作者的尊敬，我重讀〈海燕〉和〈鷹之歌〉，真有點「不知鴻鵠之志」的羞愧。

離開列寧陵墓，我們進入克里姆林宮參觀。

沒有去過莫斯科的人，一聽說克里姆林宮，會以為那是俄羅斯國家政權的所在地。事實上，克里姆林宮是一個建築群，主要建築物有：列寧陵墓、二十座塔樓、聖母安息主教座堂、天使長主教堂、伊凡大帝鐘樓、特雷姆宮、大克里姆林宮、兵器庫、大會堂、古兵工廠、蘇聯部長會議大廈、蘇聯最高蘇維埃主席團辦公大廈、特羅伊次克橋、無名戰士墓……等等。允許我們參觀克里姆林宮的時間不長，我們只來得及四周環顧一下這個世界上最大的建築群之一，和選擇其中一個教堂細看。恰好，克里姆林宮的衛隊表演漸入佳境，吸引了很多遊客，平時需要排長隊的聖母安息主教座堂門前冷

清，我們趕緊入門參觀。聖母安息主教座堂是克里姆林宮建築群中最巍峨壯觀的一座，建於 15 世紀後期，一直是俄羅斯皇家舉行加冕大典的地方。整個建築呈月牙白色，山字形拱門和三個金光閃閃的圓塔是它別具一格的地方。教堂內保存著許多堪稱俄羅斯宗教藝術珍寶的壁畫和聖像畫，這些畫都在克里姆林宮內創作完成。不過，教堂內最值得看的，恐怕是伊凡雷帝（史稱伊凡四世）的棺槨。棺槨再豪華，伊凡雷帝也已經是隔了幾世的歷史人物了，我在想，在伊凡雷帝行將就木的瞬間，他有沒有後悔過自己誤殺兒子的衝動？肯定有吧！展示在特列季亞科夫畫廊[12]裡的那幅由列賓創作的〈伊凡雷帝殺子〉，在被兒子的鮮血染紅的地毯上，身著黑衣的伊凡雷帝緊緊擁住身著金色睡袍的兒子，親吻著他的頭髮，眼裡滿是意外、驚恐、慌張和不捨、不甘。

12　特列季亞科夫畫廊（Tretyakov Gallery），是目前世界上收藏俄羅斯繪畫作品最多的藝術博物館，位於莫斯科。畫廊由商人、藝術品收藏家帕維爾·米哈伊洛維奇·特列季亞科夫於 1856 年創辦，特列季亞科夫是 19 世紀俄羅斯著名的藝術品收藏家和畫家們的贊助和保護人，1892 年特列季亞科夫將他所有收藏品捐獻給國家，這個畫廊成為國家博物館。1902 年由畫家維克托·瓦斯涅佐夫設計，依照俄羅斯童話形式在克里姆林宮南面建成新館，20 世紀擴大，將周圍建築包括進去，包括了 17 世紀的建築聖尼古拉教堂。以後又在克里姆斯基大道建設分館，以收藏當代繪畫。特列季亞科夫畫廊藏品目前有 13 萬件，作品從 11 世紀到 20 世紀，包括 4 萬餘件 17、18 世紀俄羅斯聖像畫，18、19 世紀俄羅斯著名畫家的作品以及蘇聯時期的許多畫家的作品。

聖母升天大教堂

　　懷著要去特列季亞科夫畫廊看看列賓的原作是
不是比印刷品更恐怖的念頭,我們離開了聖母安息
主教座堂,此時,排隊等候進入教堂的遊客已經繞
了教堂一圈半。我們當然有點得意,得意中腳步難
免輕快,結果被導遊警告:「別過去,當心衛兵開

槍。」抬頭一看，果然，一名荷槍實彈的
衛兵守在路口，衛兵身後，就是俄羅斯政
要，包括普丁辦公的地方。

我突然想問，高爾基有沒有進過克里
姆林宮衛兵身後的區域？當然，那時在那
裡主政的，是史達林。

《不合時宜的思想》以後，出乎高爾
基意料，十月革命勝利了。高爾基與布爾
什維克政權的關係頗為尷尬，一直當面包
容，背後不那麼留情的列寧於 1921 年勸告
高爾基去國外養病，「如果你不走，那麼我
們就不得不送你走了。」高爾基完全可以
逗留在德國或他喜歡的義大利直至客死他
鄉，從而成為像索忍尼辛[13]、納伯科夫[14]那
樣以文名著稱全世界的蘇聯流亡作家，也
未可知。事實上，從 1921 年 10 月到 1928

[13] 索忍尼辛（Aleksandr Solzhenitsy, 918 ～ 1008），俄羅斯的傑出哲
學家、歷史學家、短篇小說家，持不同政見者和政治犯。索
忍尼辛直言不諱地批評蘇聯和共產主義，並幫助提升了全球對
其古拉格勞改營的認知。他是諾貝爾文學獎得主、俄羅斯科學
院院士。他在文學、歷史學、語言學等許多領域有較大成就。
代表作：《古拉格群島》、《紅輪》、《癌症樓》等。

[14] 納伯科夫（Vladimir Vladimirovich Naboko, 899 ～ 1977），俄羅
斯和美國作家，同時也是 20 世紀傑出的文體家、批評家、翻
譯家、詩人、教授以及鱗翅目昆蟲學家。1899 年出生於俄羅斯
聖彼得堡。他在流亡時期創作了大量俄語小說，包括俄語文學
《天賦》，但真正使他獲得世界聲響的是他用英語完成的《蘿莉
塔》（Lolita）。他同樣也在昆蟲學、國際象棋等領域有所貢獻。

克林姆林宮內 —— 總統辦公區

年，高爾基在彼邦的 7 年間，始終用自己的文字和
影響在批判十月革命和革命勝利之後蘇維埃的一些
舉措，特別是關乎文化的運動。但是，被墨索里尼
政權監視的極不舒服感和蘇維埃政權日益強大起

來的事實，讓高爾基開始後悔自己曾經的「不合時宜」，在給羅曼·羅蘭的信箋中，高爾基慨嘆蘇聯進入了新聲時代的同時，真心「隔山打牛」：「國內生活的進步越來越顯著，從旁觀的角度可以進行比較，俄國共產主義領袖們的驚人毅力令我嘆服。」高爾基的新聲和心聲透過各種途徑傳回蘇聯之際，列寧死後，贏得了黨內鬥爭、已經成為列寧接班人的史達林，需要一位列寧的舊好站在自己這邊。一個思鄉成疾，一個急需支持，雙方一拍即合。1928 年，高爾基回到了闊別近 7 年的蘇聯，與此同時，也徹底從不合時宜變成了跟在史達林身後亦步亦趨。

以報復心強著稱的史達林，怎麼可能忘記高爾基曾經「不合時宜」過？沒錯，他親自在莫斯科為高爾基找了一幢房子，離克里姆林宮很近，曾是一位百萬富翁的豪宅。此外，還分給高爾基兩幢大別墅，一座在克里米亞，一座在莫斯科近郊，有警衛保護。但是，史達林肯定沒有，也不想忘記高爾基那些不利於蘇維埃政權的言論，他要為高爾基「建築」一個高高在上的平臺，那樣的話，一旦讓他摔下去，高爾基粉身碎骨就不必說了，更是對那些喜歡多嘴多舌的知識分子的一個警告！於是，給予高爾基的榮譽數量不斷增加：以高爾基名字命名的城

市、研究所、街道越來越多；給予高爾基的榮譽級別也越來越高：慶祝高爾基創作 40 週年的熱烈程度遠遠超過了列夫·托爾斯泰誕辰 100 週年。若此時高爾基還擁有「不合時宜」時的清醒，他大概能看出事情的端倪，但是，高爾基已經對史達林為他安排的生活安之若素了，一個鐵錚錚的作家就此成為史達林的寵臣，他也不必害怕別人的批評，政府不許人們批評他。在史達林的主持下，文學界開始崇拜高爾基。

史達林與高爾基，1932 年

史達林的抬舉很快就在高爾基那裡獲得了他想

要的東西。在集體化時期，高爾基向當局提供了一個駭人聽聞的口號「敵人不投降，就讓他滅亡」。1931 年 3 月，他同意布爾什維克人士受審，其中包括他以前的一些朋友，他稱他們是罪犯和破壞者，還在一封信裡稱讚：「史達林做得多漂亮啊！」1934年 12 月，列寧格勒黨委第一書記基洛夫被刺，給史達林一個展開大清洗的藉口，許多人未經調查或審判就以間諜罪名被立即槍決。1935 年 1 月 2 日，高爾基在《真理報》上發表一篇文章為史達林吶喊助威：「必須無情地、毫無憐憫地消滅敵人，不要理睬那些職業的人道主義者們的喘息和呻吟。」

然而，淪為史達林寵臣的高爾基，並沒有在史達林那裡得以善始善終。

1934 年 5 月，高爾基的兒子馬克西姆神祕死亡，高爾基雖倍感沉重打擊，卻只能眼睜睜地看著家庭醫生等參與馬克西姆死因調查的人員一個個死去。這無疑是一個訊號，它告訴高爾基，他在史達林那裡的價值已經在慢慢減損。他不想失去作為史達林寵臣的地位。生命的最後 2 年，高爾基拚了老命頌揚史達林，但史達林已不以為意，使出專門為他印刷一張報紙的損招，把高爾基與外界完全隔絕。

1936 年的春天，高爾基在克里米亞的別墅接待

了法國作家安德列·馬爾羅[15]。「人之將死，其言也善」，當馬爾羅問到蘇聯文學是否處於衰落階段，以及他對《真理報》正在批判蕭斯塔科維契[16]音樂這件事的看法時，高爾基一下子回到了「不合時宜」時期的犀利，明確回答馬爾羅，蘇聯文學正處於衰落時期，他不同意批判蕭斯塔科維契的音樂。

這似乎是一個旁證：從 1928 年到 1936 年的 8 年間，高爾基始終在頭腦極為清醒的狀態下助紂為虐？一個在苦水裡泡大的孩子；一個透過自己的努力而舉世聞名的作家；一個完全能夠以流亡作家的身分保全自己人格的男子，到底為了什麼，那麼徹底地投靠了心狠手辣的史達林？

這是一個暫時無解的問題。

這又是一個有著明確答案的問題：克里姆林宮衛兵身後的那一片建築，深似海。

蕭斯塔科維契

15　安德列·馬爾羅（Georges André Malrau, 901 ～ 1976），法國著名作家、公共知識分子。1959 ～ 1969 年戴高樂任總統時，出任法國第一任文化部長。代表作：《人的價值》等。

16　蕭斯塔科維契（Dmitri Shostakovic, 906 ～ 1975），前蘇聯時期俄國作曲家。他一生大部分時間都留在蘇聯，但同時也是當年少數名氣能傳至西方世界的作曲家，被譽為是 20 世紀最重要的作曲家之一。蕭斯塔科維契的音樂作品既融合後浪漫主義（如馬勒）和新古典主義（如普羅高菲夫和史特拉溫斯基）風格，但亦不乏 20 世紀的不協調音色和創作手法，因此他的音樂作品偶而會受到官方的爭議，然而他的作品普遍而言仍受到歡迎和好評。

跟著車爾尼雪夫斯基問過：
怎麼辦？

　　18 世紀初葉，相貌堂堂、挺拔高大的彼得大帝決定在沼澤地上平地而起一座城市彼得堡。1703年，俄羅斯與瑞典的戰爭還沒有結束，深知「攻防兼備才能保一方平安」這一道理的彼得大帝，決定在涅瓦河右岸一座形似兔子的小島上修建要塞。原本就是在向沼澤要一座城市，兔子島又在水邊，潮溼的地勢和陰冷的天氣決定了建造彼得保羅要塞是一項極為艱苦的工程，彼得大帝又是一個完美主義者，他不允許工程有一點點缺陷。犧牲了數千人的生命後，1703 年的秋天，彼得保羅要塞終於建成。隨著城市一點一點興起，初具規模、繁榮，兔子島上除了彼得保羅要塞外，慢慢增添了聖彼得保羅大教堂、鐘樓、聖彼得門、彼得大帝的船屋、造幣廠、兵工廠、克隆維爾克炮樓等建築物。

彼得保羅要塞

彼得保羅要塞

彼得要塞內的彼得大帝銅像

　　我們從聖彼得堡瓦西里島這一端登上兔子島，首先看到的是聖彼得保羅大教堂那熠熠閃光的尖頂和鐘樓。穿過聖彼得門後，我從彼得大帝的船屋、造幣廠、兵工廠、克隆維爾克炮樓舊址前掠過，直奔彼得保羅要塞而去。

　　1717 年，失去了軍事功能的彼得保羅要塞被彼得大帝改為國家監獄，而它關押的第一個犯人，竟然是彼得大帝與第一任妻子所生之子阿列克謝。貴為王儲，阿列克謝與戮力改革的彼得大帝作對。在

彼得保羅要塞監獄

阿列克謝又一次集結保守派和神職人員試圖阻撓彼
得大帝的改革舉措後，如在特列季亞科夫畫廊展出
的那幅《彼得大帝在夏宮訓斥王儲阿列克謝·彼得羅
維奇》一樣，忍無可忍的彼得大帝狠狠訓斥過王儲
後，將其送往剛剛被改成監獄的彼得保羅要塞。次
年，下令將其處死。

　　彼得保羅要塞監獄，臨涅瓦河一側的厚牆呈水
泥色，倒置的盾牌形視窗實在太小，給人無法自由
呼吸的感覺。向著兔子島的這面牆體為磚紅色，一

扇扇看起來跟普通房屋毫無二致的大門和窗戶會讓人產生疑惑：這裡是監獄嗎？可是，走進大門，厚達 2.4 到 4 公尺的牆壁將牆外的一年四季簡化成一種體感：陰森可怖。而一間間陳設慘澹、愁雲密布的單人囚室，更讓參觀者不禁替當年被關押在這裡的政治犯擔憂：長夜漫漫，日光在何處？

尼古拉·蓋 Nikolai Ge 筆下的「彼得訓子」，藏於特列季亞科夫畫廊

　　我的彼得保羅要塞之旅是想靠近監獄體驗一下被沙皇政府關押在這裡的革命者，得有怎樣堅定的信念，才能撐過「從門到窗只有 7 步」的監禁生活。沒錯，我越來越熱愛的杜斯妥也夫斯基、我最早讀過其作品的蘇聯作家高爾基都曾被關押在此，這次俄羅斯之行也有追尋他們足跡的打算。可是，我覺

車爾尼雪夫斯基

得他們兩位的印跡在別處更加顯豁。到彼得保羅要塞監獄，我要朝拜的，是車爾尼雪夫斯基[1]。

在我上大學時，就算俄羅斯文學在外國文學這門課裡占的課時大大超過了英國、美國、日本等文學大國，車爾尼雪夫斯基也只是配角，還是排序靠後的配角，在他之前，是列夫·托爾斯泰、普希金、杜斯妥也夫斯基、契訶夫……甚至屠格涅夫。不過，這位更應該稱其為文藝理論家的先師，卻更早地以一部長篇小說《怎麼辦？》俘獲了我，以及與我同宿舍的幾位女生。

生於 1960 年代的我，童年是在物質匱乏時期度過的。我看著父母為了讓我們能在新年鐘聲敲響時穿上新衣，下班回家照料完我們的日常生活後，還要勉力為我們打毛衣、做鬆緊鞋。我力所能及地幫助父母，在凌晨咬牙毅然離開溫熱的被窩去菜市場排隊，等待 6 點鐘開秤後買到一點點蔬菜、窄窄的帶魚或兩指寬的豬肉，那

1　車爾尼雪夫斯基（Nikolay Chernyshevsk, 828 ～ 1889），俄羅斯唯物主義哲學家、文學評論家、作家，革命民主主義者。代表作：《怎麼辦？》、《序幕》、《藝術與現實的美學關係》等。

種難受至今想起來都覺得不寒而慄。我無法想像，
終有一天我有了自己的家庭後，我們的日常生活會
像我們的父輩一樣艱難，而憑藉自己的努力考上大
學之後，我的天地豁然開朗，因此也就更加焦慮地
擔憂：如果我未來的家庭生活注定要重蹈父母的覆
轍，那麼我現在要讀大學幹什麼？我還學文學幹
什麼？

這時候，我遇到了車爾尼雪夫斯基的《怎麼
辦？》

薇拉‧巴夫洛芙娜出身於一個小市民家庭，因為漂
亮贏得了數個男人的追求，其中還有貴族青年。羅普霍
夫是醫學院的大學生，他在薇拉家兼任她弟弟菲嘉的家
庭教師以賺取學費。羅普霍夫把一些進步書籍借給薇拉
看，幫助她呼吸到了民主自由的新空氣。她感激地對羅
普霍夫說：「你把我從地下室裡解放出來了。」為此，她
和羅普霍夫的感情有了進一步的發展，開始一起交流如
何過新生活。

羅普霍夫請他的朋友梅察洛夫神父主婚，他們祕密
地結了婚。婚後薇拉和羅普霍夫一起以教書維持生活。
他們照婚前設想的一種新生活方式生活：男女雙方各居
一室，互相尊敬，恪守禮節。每天他們都必須穿戴整齊
後才能走進對方的房間，如果一方違反了約定，另一方
便會提出警告。他們不像夫婦，倒像是兄妹。他們認為

「這樣才能增進愛情，避免爭吵」。

　　薇拉把一些失業女子組織起來，創辦了縫紉工廠。在工廠裡，她和女工們一起管理經濟、平均分配紅利。同時，她還請丈夫的朋友來授課，向女工們傳授知識和文化，舉辦娛樂晚會，與女工們一起郊遊，過著愉快而充實的生活。羅普霍夫的朋友吉爾沙諾夫在羅普霍夫他們婚後常到他們家來，漸漸地他不來了，因為他發覺自己愛上了薇拉。怎麼可以對好友的妻子存有非分之想？吉爾沙諾夫只好用疏遠那個家庭的方式來抑制自己的感情。

　　羅普霍夫得了肺炎，吉爾沙諾夫去幫他看病，他對薇拉的愛慕之情又復活了。他再次抑制住自己，有意和過去他救過、目前在薇拉的工廠當女工的克留科娃同居。

　　薇拉不愛羅普霍夫了，羅普霍夫為了不讓薇拉感到痛苦，假稱要到他的家鄉去看父母而離開薇拉。數日之後，傳來羅普霍夫自殺的消息。聽聞消息後，薇拉很傷心，她不願和吉爾沙諾夫結合，甚至想丟開縫紉工廠離去。

　　大學生拉赫梅托夫奉了羅普霍夫的囑託來看薇拉。他是個革命者，立志獻身於革命事業。為了磨練自己的意志，考驗自己是否經得起審訊和拷打的痛苦，他躺臥在一個釘滿釘子的毛氈上，弄得滿身鮮血淋漓。他曾遇到一個愛他的年輕寡婦，但他拒絕了她的愛，因為他怕

愛情會妨礙他的革命工作。他漫遊歐洲各地，拜訪過費爾巴哈，受到了空想社會主義思想的影響。

拉赫梅托夫來看望薇拉，更重要的目的是勸她不要離開工廠，應該繼續關心女工的命運和幸福。見薇拉接受了自己的建議，拉赫梅托夫把一張羅普霍夫寫的字條給了她，上面寫著羅普霍夫自動離家的原因，和他對婚姻自由的看法。不久，薇拉收到一封從柏林寄來的信，署名是「一個退學了的醫學生」。其實，寄信人是羅普霍夫，信中羅普霍夫說明自己的自殺是假的，他之所以這麼做，是為了薇拉的幸福，並說他在國外過得很好。與此同時，吉爾沙諾夫也收到羅普霍夫勸他和薇拉結合的來函。既然如此，深愛彼此的薇拉和吉爾沙諾夫結婚了。

1年後，薇拉生了個兒子叫米嘉。愛情在她和吉爾沙諾夫之間，成為一種鼓舞的力量，推動他們更好地去工作。羅普霍夫化名畢蒙特回到俄國後，結識了波洛卓娃一家，並愛上了波洛卓娃。在取得波洛卓娃父母的同意後，他們結婚了。羅普霍夫和吉爾沙諾夫兩家搬住在一起。他們按照自己最喜愛的生活方式生活著。工廠也已擴展成3個了，他們對未來充滿美好的信念。出獄後的拉赫梅托夫與一向愛他的年輕寡婦結了婚。他們一起走上了宣傳革命的道路。

原諒我做了一次文抄公，因為我私下覺得，當

下已經沒有人再閱讀車爾尼雪夫斯基的這部小說了。如今此地的讀書人，提及外國文學，要麼英、美、法、義；要麼拉丁美洲。範圍縮小到東歐，也只到捷克再加一部塞爾維亞的奇書哈扎爾辭典（*Dictionary of the Khazars: A Lexicon Novel*），而曾經在此地睥睨天下的俄蘇文學，看似式微，其實是被我們誤以為是雞肋而棄置一旁。都沒有多少人再重讀托爾斯泰、普希金、杜斯妥也夫斯基等世界一流俄羅斯作家的作品了，更遑論《怎麼辦？》這部讀了 10 幾頁就知道是主題先行的非傑出小說了。

可是，我願意在不長的俄羅斯旅行時間裡抽出幾 10 分鐘甚至 1、2 個小時，站在聖彼得堡兔子島上的彼得保羅要塞監獄外，看看車爾尼雪夫斯基當年是在哪種幽閉、陰鷙的環境下，寫出這部明快得讓薇拉的世界充滿新希望的小說的。

1862 年，因宣傳革命思想，車爾尼雪夫斯基被沙皇政府逮捕並關進彼得保羅要塞監獄。我來的時候是 8 月，正是聖彼得堡最好的季節，涅瓦大街上遊客如織，涅瓦河水更是多情得讓人不忍離去。可是，冬天呢？從下第一場雪到來年春暖花開，得有半年的聖彼得堡的冬天，讓被關押在陰冷、潮溼牢房裡的車爾尼雪夫斯基們怎麼度過？車爾尼雪夫斯基選擇寫一部色彩明亮的小說來對抗寒冷的監獄之

冬，從 1862 年到 1863 年。

　　看來，車爾尼雪夫斯基嚴重低估了沙皇的殘暴。1863 年的春天來了，他依然被關押在兔子島的監獄裡。又一個冬天來了，又過去了，轉眼到了1864 年 5 月，沙皇非但沒有釋放車爾尼雪夫斯基，還將其押至聖彼得堡梅特寧廣場示眾，並處以假槍斃的酷刑。這一年的 7 月，車爾尼雪夫斯基被流放到伊爾庫次克鹽場服苦役，8 月被轉送到卡達亞礦山。2 年後，他又被押到亞歷山大工廠。7 年苦役期滿後，沙皇又延長了車爾尼雪夫斯基的苦役期，將他轉押到荒無人煙的雅庫特和維柳伊斯克，繼續流放，前後共達 21 年之久……。

　　偉大的俄國革命家、哲學家、作家和批評家車爾尼雪夫斯基的肉身早已飛升，他的那些曾經洛陽紙貴的作品，也被歸入故紙堆裡罕有人翻閱。我也不讀車爾尼雪夫斯基很多年了，但我從來沒有忘記過他。30 年前，當我在舊生活模式和新希望之間的夾縫裡不知如何是好時，是他的薇拉告訴了我應該怎麼辦。雖然時過境遷，當年要簡化，甚至擱置家庭生活而努力成為一個作家、教授的豪言壯語，也已被不肯將就的一日三餐和秋收冬藏的日常生活所取代，但是，這種取代是在《怎麼辦？》啟迪下的一種自覺。

車爾尼雪夫斯基紀念碑，位於俄羅斯聖彼得堡

　　還有誰、哪部作品可稱為我的生活指南？只有車爾尼雪夫斯基的《怎麼辦？》。

攫住他，讓他相思

我第一次聽到果戈里的名字，是在讀國二的時候。

這是一所如今已不見蹤影的學校，卻有一位出色的語文老師，他姓周。周老師右眼不知怎麼的看不見。我們認識他時，那裡填進了一隻義眼，大小、凹凸、色彩對比度與左眼明顯不一樣，還不能眨動。我們班幾個學不好語文的壞孩子背後偷叫他周狗眼——原諒他們吧！那時他們不懂事。

果戈里紀念碑，聖彼得堡

是不是受了這隻義眼的影響？周老師是一個不苟言笑的人，講課時也不太跟我們眼神交流，總是偏過頭看窗外的景色。周老師喜歡我，是因為我打從心裡願意呼應他的語文課，比如，在上魯迅先生的《故鄉》時，周老師還會告訴我們，魯迅先生除了是位偉大的思想家和文學家外，還是一位了不起的翻譯家，是他最先把俄羅斯作家果戈里的作品《死魂靈》介紹出去的。一間教室裡還有誰聽到周老師的「旁白」？我不知道，反正下課後我就跟著周老師去了他的辦公室，要借《死魂靈》。周老師用我平生都忘不掉的眼光溫柔地看了看我，

從他的辦公桌裡找出《死魂靈》，鄭重地交給我：
「可惜，這不是魯迅先生的譯本。」一位國二的女學
生，正走在掙脫文化飢渴症的路上，根本不懂「不
是魯迅先生的譯本」的含義，接過《死魂靈》，連譯
者是誰都沒看一眼，就翻開了封面，走進了果戈里
虛構的一個悲愴又教會人憎恨的故事。

　　俄語中，農奴有一個別解，為魂靈。果戈里把
那些已死去卻沒有註銷戶口的農奴叫死魂靈，其中
的悲憤可比天高、可比海深。為了將滿腔悲憤淋漓
盡致地表達出來，果戈里虛構了一個名叫乞乞科夫
的騙子。對，虛構了乞乞科夫這個人，但乞乞科夫
的所作所為卻不是果戈里憑空捏造而成：遊走在鄉
間討價還價地從地主手中購買死魂靈，這些法律上
還活著的農奴，就成為乞乞科夫向政府申請土地的
籌碼。等到獲得了土地證明，乞乞科夫再把死魂靈
和土地捆綁在一起，高價賣出。已經累死、餓死、
窮死的農奴，死後還要被無恥之徒當作賺錢的籌
碼，一位宅心仁厚的作家將如何用小說，讓乞乞科
夫們遭受天譴？可惜的是，原本打算寫《死魂靈》
3 部曲的果戈里，發現寫完第 1 部後，靈感也隨第
1 部的成功飛到了雲霄外，第 2 部是只有 5 章的殘
稿，第 3 部更是空中樓閣。於是，我沒有讀到乞乞
科夫一定是可鄙的結局，這成為埋伏在國二女生心

中一個與果戈里有關的懸念。

《死魂靈》以後，我雖然沒有刻意去尋找果戈里，但是，遇到果戈里，我就會走近他。2009 年，《欽差大臣》重現時，我又再次前去觀賞，因此，對果戈里就有了認定：這是一位握著辛辣之筆的批判現實主義作家，所以，他應該時常眉頭深鎖、嘴角滿是譏笑與不屑。

莫斯科的新聖女公墓又像是一個雕塑公園，那些曾頭頂榮耀或備受爭議的名字，其肉身已經先後躺在地下，只有個性各異的墓碑代表著他們向後人訴說著前塵往事。那些或具象或抽象地雕塑在石頭上的他們的形象，應該是地上地下合一的吧？

我站在果戈里的墓碑前，金色的十字架代替我曾在網路上看過的果戈里墓碑，這讓我感到詫異：為什麼要改變？透過圖片看到的果戈里墓碑，雕刻著他的塑像，面容飽滿、眉宇舒展、眼神溫和、嘴角微微含笑。面對圖片上的果戈里墓碑，我還曾想過，一個勇於揭露社會諷刺現實的作家，身為《死魂靈》、《欽差大臣》的作者，他應該是雙頰塌陷、眉目含恨、眼裡全是憤恨，不是嗎？這，也許是用十字架代替那尊雕塑的理由。

回家之後，我用網路整理了一張果戈里作品的書單，到社區圖書館借了一疊果戈里的作品，快讀

2010 年前的果戈里之墓，莫斯科新聖女公墓

果戈里之墓，莫斯科新聖女公墓

　　或者精讀後，才對這位沙皇時期被稱為俄羅斯心臟的作家有了全面的了解。

　　這位出生於烏克蘭的作家，鄉村生活給了他豐富的創作素材，所以甫一寫作就出手不凡，當時的代表作是《狄康卡近鄉夜話》、《密爾格拉得》等。

隨著作品受到廣泛好評，果戈里嘗試在創作題材和風格上有所突破，除了以其在聖彼得堡的生活為藍本的《彼得堡故事》外，好友普希金提供給他的一則荒誕見聞，狠狠地刺激了他的創作衝動，只用了2個月，一部傑出的、享譽世界的戲劇作品《欽差大臣》就問世了。

《欽差大臣》的轟動效應，讓果戈里思考起自己的創作未來。《狄康卡近鄉夜話》、《密爾格拉得》以及《彼得堡故事》這種題材寫起來固然得心應手，但是，就挑戰性和社會影響力而言，《欽差大臣》更佳。堅定了自己的創作藍圖後，果戈里殫精竭慮，5年後的1841年，因為《欽差大臣》不得不遠走他鄉的果戈里，帶著《死魂靈》榮歸故里，並以此作一舉躋身俄羅斯，乃至世界一流作家的行列。

對我來說，這次重讀果戈里，主要是他的《狄康卡近鄉夜話》和《密爾格拉得》。猶記當年老師上課講到果戈里時，說《伊凡·伊凡諾維奇和伊凡·尼基福羅維奇吵架的故事》太長也太難記，我們就記成「兩個伊凡吵架的故事」吧！也還記得，12,000多字的《舊式地主》中鋪滿了俄羅斯美食，曾經讀得我們垂涎欲滴。

「我非常喜愛那些幽居在偏遠鄉村的莊園主的簡樸生活，他們在小俄羅斯通常被人稱為舊派人

果戈里雕像，莫斯科果戈里故居博物館內

物，猶如年久失修而又優美如畫的小屋一樣討人
喜歡……」在這種暖洋洋的調子中開始的《舊式地
主》，情節很簡單，就是講述舊式地主阿法納西·伊
凡諾維奇·托夫斯托古勃和他的妻子普利赫里婭·伊
凡諾芙娜的後半生生活狀態。因為富足，托夫斯托
古勃夫婦幾乎不用勞動就可以自由自在地生活，哪
怕莊園裡的樹木被農奴偷伐；倉庫裡的布匹被傭人
盜拿；儲藏室裡的食品被傭人們偷吃了大半，都不
會影響舊式地主夫婦的生活品質。果戈里衡量他們
生活品質的標準，不是住宅有多麼豪華，而是他們

隨時隨地都能吃到自己想吃的東西。

　　先登場的，是豬油蜜餅、帶罌粟花籽的包子和醃松乳菇。這豬油蜜餅可是小俄羅斯的美食，外皮用俄語所稱「薩洛」，亦即醃豬油製成，再包上用蜂蜜、白糖和果乾熬製成的餡料，就可食用了。至於包子，更是從農奴到地主餐桌上常見的食物，只不過，普利赫里婭·伊凡諾芙娜讓丈夫選擇的包子額外添加了罌粟花籽，味道就更鮮美了。至於普利赫里婭·伊凡諾芙娜給出的第 3 種選擇方案 ── 醃松乳菇，這又是俄羅斯家庭的常備佳餚。半年封凍期過去之後，俄羅斯許多地方的林子裡會長出各式各樣的蘑菇，像卷邊乳菇、黑色和紅色的羊肚菌、口蘑、烏克蘭蘑、牛肝菌、蜜環菌等，人們採摘到蘑菇後，一時食用不完，就會用各式各樣的方式將蘑菇醃製，就好像我們在俄羅斯任何一家餐廳裡都能吃到的酸黃瓜，清香爽口，特別好吃。普利赫里婭·伊凡諾芙娜讓傭人拿給丈夫的，是同樣清香爽口，卻比酸黃瓜更加鮮美的醃蘑菇中的一種 ── 醃松乳菇。舊式地主早晨起床，喝了好幾杯咖啡，也許還吃了幾口軟糕，只在莊園裡走了幾步，就要求加餐。

　　說到軟糕，俄羅斯最有名的點心就是蘋果軟糕

了，又以科隆納[1]出產的蘋果軟糕最為上品，它用
當地出產的偏酸蘋果、上等蜂蜜、堅果和漿果調製
而成，製作工藝相當繁複。十月革命後，特別是第
二次世界大戰爆發之後，科隆納像蘇聯其他城市一
樣，男人們都上了戰場，軟糕廠紛紛關門。戰爭結
束後，冷戰時期的蘇聯為對抗西方社會，重重工、
輕輕工，不要說恢復軟糕廠了，就連軟糕的製作方
式都已失傳。直到最近，當地才找到製作軟糕的古
法，這款 16 世紀以來風靡俄羅斯，為伊凡雷帝、葉
卡捷琳娜二世、列夫·托爾斯泰、杜斯妥也夫斯基
偏好的俄羅斯美食，才得以恢復生產。

　　吃過豬油蜜餅、帶罌粟花籽的包子，或醃松乳
菇後不久，距離午餐還有 1 個小時，果戈里又讓阿
法納西·伊凡諾維奇和妻子兩人吃了一頓點心：用
古舊的銀製酒杯小酌一杯伏特加，配以一些蘑菇、
各式魚乾，和其他佐飲食品。在俄羅斯靠近江河湖
海的地方，人們喜歡將小魚，尤其是美洲胡瓜魚晒
乾，要麼當作佐酒小菜，要麼冬天煮湯時撒一把進
去，湯水因此會鮮美許多。

　　午餐之後，晚餐之前，在丈夫的要求下，普
利赫里婭·伊凡諾芙娜讓人為他準備了漿果餡的甜

[1]　科隆納（Kolomna），俄羅斯莫斯科州南部的一座古老城市，位於莫斯科河和
　　奧卡河的交匯處，是河港城市。工業以內燃機車、重型機床、紡織機械製造
　　為主，還有水泥、鋼筋混凝土構件等工廠，有內燃機研究所。城市有建於
　　14 世紀、17 世紀的寺院、古塔、教堂、地誌博物館等古蹟。

餃。吃甜餃的時候，俄羅斯人喜歡配優酪乳油、蛋黃醬一起吃。然而，如此高熱量的下午茶，都不會讓阿法納西·伊凡諾維奇倒胃口，「晚餐前，阿法納西·伊凡諾維奇又吃了些點心。9點半，他們坐下來用晚餐。吃完晚餐，他們立即去就寢了。」然而，阿法納西·伊凡諾維奇睡不著，覺得肚子不舒服。誰都知道那是因為他吃太飽了，普利赫里婭·伊凡諾芙娜也知道，不過在她看來，治療此症的最佳方式是再吃一頓。在她的建議下，阿法納西·伊凡諾維奇又吃了一些酸牛奶和梨乾煮的稀甜羹，這才送走了吃貨心滿意足的一天，安然入睡。

果戈里故居博物館，莫斯科

在小說情節推進的那些日子裡，果戈里還讓這

兩位一生簡樸、只在意吃什麼的舊式地主吃了乳渣餡的包子和用酸白菜加蕎麥米飯當餡料的包子；吃了普利赫里婭·伊凡諾芙娜從土耳其女人那裡學來的，加了香薄荷或丁香和核桃醃的蘑菇……。普利赫里婭·伊凡諾芙娜病死後，阿法納西·伊凡諾維奇傷心又孤獨地在世上活了很多年，當小說的敘述者「我」再度見到阿法納西·伊凡諾維奇時，「他常常舀起一勺粥，沒有送到嘴裡，卻送往鼻子上；他拿著叉子，沒有插到雞塊上，卻戳到酒瓶上去了。於是，女僕只好抓住他的手，往雞塊上戳。」就算這樣，當淋了優酪乳油的乳渣餅端上桌後，「『這是那個食物……我…………那……亡…………妻……』，淚水忽然奪眶而出。」舊式地主的懷念都與食物緊緊相連，這也是我當年閱讀《舊式地主》時不太懂的地方：寫一對疏於農莊管理、一天到晚都在吃吃喝喝的舊式地主，果戈里寓意何在？現在再讀，大概懂了。

《舊式地主》寫於 1836 年，1830 ～ 1840 年是沙皇統治下俄羅斯最好的年代，一份名為《18 世紀和 19 世紀上半葉俄國農村的伙食》的調查報告告訴我們，這 10 年中，哪怕是農民，也是一日三餐，不缺牛奶、黑麵包、燕麥餅、乳渣餡的淡餡餅、優酪乳，煮馬鈴薯、鹹魚乾、梭鱸魚和鱘魚肉等食物。

對曾經忍飢挨餓的俄羅斯人來說，能夠吃剩有餘實在是天大的幸福，這種社會現象當然影響了果戈里的創作，才會產生了一部布滿俄羅斯美食的小說《舊式地主》。說得準確一點，這些琳琅滿目的俄羅斯食品是烏克蘭的美食，如慈母或嬌妻攬住了果戈里，1835 年已經在聖彼得堡大學擔任副教授的果戈里，生活安定下來後，思鄉之情如窗外的天空，晴有晴的模樣、陰有陰的牽掛，何以排遣？寫出來！說果戈里是「俄國的心臟」，是因為他有一顆細膩如篦子的心，將俄羅斯民族的象徵，細密地排布在他的作品裡 —— 所以，新聖母公墓果戈里墓碑上的那尊雕像，應該是 1835 年的果戈里，國家安好、個人順暢，他的臉龐怎能不飽滿而安謐？

只是，1 年之後寫成的《欽差大臣》，其中用諷刺包裹的作家善意，並沒有被許多人理解和接受，果戈里因為此作不得不遠走他鄉，去到羅馬。先義大利，後德國的 6 年僑居生活，果戈里一直在寫作《死魂靈》，這樣的題材原本就折損作家的精神，好友普希金又死於他人的陰謀詭計，這些使生活在他鄉因此缺乏俄羅斯食物滋養的果戈里，心力交瘁。1941 年，帶著《死魂靈》回國的他，遭遇了更大的打擊：嘔心瀝血之作被莫斯科書刊審查機構否決。雖在友人的幫助下，《死魂靈》第 1 部最終得以出版

並大獲好評，但果戈里的創作靈感已被蹉跎，直至1852 年辭世，果戈里再無力作問世，「天涯地角有窮時，只有相思無盡處」。

　　果戈里在《舊式地主》中幾乎寫遍了俄羅斯的點心、小吃，就是沒有寫一頓正餐，難道是因為他覺得正餐的儀式感減弱了人們對俄羅斯美食的認同嗎？還好，我們在去雅斯納亞·波良納的托爾斯泰莊園路途中，途經小城圖拉時嘗試了一頓俄式正餐：菜湯（很濃的肉湯，加甜菜或加番茄是區分紅菜湯和白菜湯的重點，湯中還要撒少許蒜末。有的俄羅斯人喜歡將一小杯伏特加倒入湯中一起食用）、白麵包和黑麵包、俄式沙拉（將切碎的雞蛋、香腸、醃黃瓜和臘腸一起攪拌，最後加入蛋黃醬調味），主菜是牛肉餅加馬鈴薯泥。一路上就這麼一頓俄餐，同行者中還是有人覺得無法下嚥。看來，對家鄉食物的相思比對一個人的思念要忠誠和長久得多。

果戈里雕像，莫斯科果戈里故居博物館內

靈魂碎了，安能苟且？

　　8 月是俄羅斯最好的季節，還是我們的運氣太
好？在那裡的 1 個多星期，除了剛到莫斯科那時遇
到一場大雨外，天天豔陽高照、藍天白雲。只是，
瀕臨波羅的海所以溼氣更重一點的聖彼得堡，每天
早晨天空會被雪白的雲彩「漲」得特別飽滿，隨著
太陽漸漸升高，雲朵會慢慢變小，直至變成絲絲縷
縷，隨性地劃過天際 —— 真是秋高氣爽的最佳注
腳。

　　我們就是在這種天氣裡走在涅瓦大街上，與
伊薩基輔大教堂右側轉角處的安格列吉爾酒店相
遇的。

安格列吉爾酒店，4 層樓

葉賽寧肖像

在偉岸的建築比比皆是的涅瓦大街上，安格列吉爾酒店毫不起眼，若不是有心要找一找俄羅斯詩人葉賽寧[1]投繯自盡的地方，怕是會錯過我少女時期最喜歡的詩人恨別人世的地方。

1979 年，我就讀的學校從別校借來一位楊老師，他是歷史老師 —— 是遠近聞名猜題很準的歷史老師。楊老師來教我們的時候距離大學入學考試還有 7 個月，那時，我們已經被他的前任教得對歷史毫無感覺。那天，我們並不知道歷史老師換了新人，尸位素餐的歷史老師加上嚴冬酷冷，上課鈴響過的那 2 分鐘裡，我們的抱怨格外強烈，直到班導制止我們到第 3 遍，我們才看見他：臉很短，鼻梁那裡像是被人狠揍了一拳，膚色呈醬油色。於是，班導一走，議論聲遲遲停不下來。楊老師也不生氣，把頭轉向窗外，說：「都是水杉。長得這麼筆直，很像白樺樹。」停頓一下，又說：「這個季節，北方的白樺樹只有樹幹和樹枝挺立在寒風裡，我念一首詩給你們吧！」對，他念的就是葉賽寧的〈白樺〉：

---

[1]　葉賽寧（Sergei Yeseni, 895 ～ 1925），俄羅斯詩人，以創作抒情詩文為主。

在我的窗前，

有一棵白樺，

彷彿塗上銀霜，

披了一身雪花。

毛茸茸的枝頭，

雪繡的花邊瀟灑，

串串花穗齊綻，

潔白的流蘇如畫。

在朦朧的寂靜中，

玉立著這棵白樺，

在燦燦的金暉裡閃著晶亮的雪花。

白樺四周徜徉著姍姍來遲的朝霞，

它向白雪皚皚的樹枝又抹上一層銀色的光華。

那時，唐詩宋詞剛剛回到我們身邊，突然聽到一首外國人寫的詩，銀霜、毛茸茸、流蘇……這些柔軟的詞彙衝擊著我們久違詩歌的大腦，一時間，我們無以回應楊老師那帶著鄉音的朗誦。大概我們每個人的臉都是一致的呆傻吧！楊老師索性轉身，用他那一手漂亮的板書，將這首詩抄在黑板上。

來年7月苦夏，我們參加的大學入學考試，楊老師猜中了歷史考題的80％，不然，我大概會當落榜生了。

掙脫了考試的束縛後，大學圖書館的藏書又那

麼多，我開始瘋狂地閱讀小說和詩歌，讀了葉賽寧幾乎所有的詩。畢業之後，我隨波逐流，讀過的書許多已經忘卻，但葉賽寧我始終記得，他的詩，還有他那張英俊的臉龐。在剛剛過去的 30 年中，國門大開，遠到拉丁美洲，近至日本的詩人，紛至沓來，但我們從來沒有放棄過閱讀俄羅斯、蘇聯詩人，只是我們更願意提及阿赫瑪托娃、曼德斯坦、茨維塔耶娃。很少有人願意提及葉賽寧了，覺得說自己喜歡葉賽寧等於在表白自己的淺顯。葉賽寧的詩很淺白嗎？

> 我記得你對我說過
> 美好的年華就要變成以往
> 你會忘了我
> 走向遠方
>
> —— 〈我記得〉
>
> 夜來臨，四下一片靜，
> 只聽得溪水輕輕地歌唱。
> 明月瀧下它的光輝，
> 給周圍的一切披上銀裝。
>
> —— 〈夜〉

沒有阿赫瑪托娃的苦難和悲憫；沒有曼德斯坦的不懈追問；沒有茨維塔耶娃的不計後果。但葉賽

寧的詩絕不是淺白，而是清淺。

　　1895 年，葉賽寧出生在俄羅斯梁贊省，距離首都 196 公里。在絕大部分國土處於寒帶的俄羅斯，梁贊省顯得得天獨厚。溫帶大陸性氣候使這片遼闊的大地溫潤潮溼、森林茂密、物產豐富，此地盛產的蜂蜜，更讓人們覺得梁贊省是一個甜蜜的地方。生長在這塊豐饒的土地上，又在富農爺爺的呵護下，衣食無憂的葉賽寧對梁贊的泥土、樹木、草原、牛羊、麥粒有著深厚的感情，等到他拿起筆來準備謳歌時，這裡的風光自然成了他筆下最初的詩行。

> 可愛的家鄉啊！心兒夢見了
> 江河搖曳著草垛似的眾陽。
> 我真想藏身在綠陰深處，
> 藏到你百鳥爭鳴的地方。
> 三葉草身上披著金袍，
> 和木樨草一道在田邊生長。
>
> ──〈可愛的家鄉〉

　　就算憂傷，也是苦艾的味道，雖然有點辛辣，但撲鼻而來的暗香很快遮蔽了微苦：

> 母狗沿著雪堆奔跑，
> 跟著主人的腳印追蹤，

而那沒有結凍的水面，

長久地，長久地顫動。

當它踉蹌回返時已無精打采：

邊走邊舔著兩肋的汗水，

那牛欄上空懸掛的月牙，

好像是牠的小寶貝。

—— 〈狗之歌〉

　　如果 17 歲的葉賽寧從師範學校畢業之後，回到家鄉當一名鄉村教師，那麼，他會不會像蘇格蘭詩人伯恩斯那樣，成為一位農民詩人？人生沒有回頭路，1912 年從師範學校畢業之後，葉賽寧離開家鄉來到了莫斯科，在印刷廠當校對員、參加文學音樂小組、選修平民大學的課程……忙碌的都市生活讓葉賽寧無暇、恐怕也關照不到樹木、夜空、香草、田地以及孤苦的母狗。從暗潮湧動到終於爆發的十月革命，深深震撼著來自梁贊的農家小子。如同所有血氣方剛的年輕人一樣，葉賽寧覺得自己必須投身到滾滾洪流中，作為已小有名氣的詩人，葉賽寧更覺得自己投身革命的最佳方式，是用詩篇抒發對革命的嚮往之情和歌頌革命。於是，〈變容節〉、〈樂土〉、〈約旦河的鴿子〉、〈天上的鼓手〉等著名詩作在紅色風暴中誕生。

　　這些詩行，連朗誦者都能感覺到是直接從詩人

的嗓子裡嘶吼出來的，而不是經由內心吶喊出來
的，詩人自己豈會不知？這個由梁贊美麗的大地、
茂密的樹林、清香的草木和甘甜的蜜糖滋養成熟的
靈魂開始不安：明明知道要跟上時代的步伐，但是
內心深處更嚮往停留在梁贊滿天繁星下的靜謐裡。

幸好，他遇到了伊莎朵拉·鄧肯[2]，美國著名的
現代舞舞蹈家，那一天，是 1921 年 11 月 7 日，十
月革命 4 週年紀念日。

鄧肯與葉賽寧

伊莎朵拉·鄧肯，出生於美國貧民家庭，從小
喜歡舞蹈，但家中沒錢送她去學當時最流行典雅的
芭蕾舞，這反而養成了鄧肯那自由自在、放浪不羈
的現代舞風格。她的祖國並沒有因為她是名滿一時

2　伊莎朵拉·鄧肯（Isadora Dunca, 877 ～ 1927），美國舞蹈家，現代舞的創始
　　人，是世界上第一位披頭赤腳在舞臺上表演的藝術家。

的現代舞舞蹈家而善待她，在她窮困潦倒時，蘇聯政府向她伸出了橄欖枝，邀請她到莫斯科參加十月革命紀念日的演出，一段至今還被人念及的曠世絕戀，就此發生。

今天，我們注視葉賽寧的照片，如孩子般無辜的神情，一雙幽藍的眼睛像是無處安放似的。想像一下，當葉賽寧喜歡一個女人時，這雙藍色的眼睛會不會變成一汪碧波蕩漾的湖泊？答案是肯定的。因為，經歷過無數男人、43 歲的鄧肯被這汪湖水淹沒了，那一年，葉賽寧 26 歲。兩個人的愛情只綿延了 2 年，就在葉賽寧的主導下分崩離析。所以，與其說葉賽寧愛上了鄧肯，不如說是愛上了那個在莫斯科大劇院舞臺上一身紅舞衣、隨性起舞的女子。舞蹈中的鄧肯，在葉賽寧的眼裡就是轟轟烈烈的十月革命，愛上她，等於填補了葉賽寧因對十月革命產生的迷茫，而在自己心裡鑿出的空洞。

離開鄧肯後不久，葉賽寧沒有履行與鄧肯的約定當終身朋友，而是走進第 3 次婚姻，娶了列夫·托爾斯泰的孫女。因此，有人將花花公子的帽子扣在葉賽寧的頭上 —— 長相出眾、寫一手能撩亂女人心的詩、與不少女人戀愛過、光婚姻就有了 3 次，不是花花公子又是什麼？但你只要順著詩人的創作年表一首一首地往下讀，就會發現，所謂愛情，是

葉賽寧那個躁動的靈魂，在詩裡都無法安放時短暫的歇息處。

索菲亞·安德烈耶夫娜

　　當年，我讀葉賽寧的詩，只覺得文字優美、意境好懂，如今再讀，無法與十月革命以後的莫斯科、聖彼得堡和諧相處的苦楚，在他的詩裡隨時隨處可見：一方面，梁贊的日月星辰已經深深烙印在葉賽寧的血液裡；另一方面，革命形勢又讓葉賽寧覺得自己必須跟著布爾什維克走。兩相撕扯，縱然是熱烈的鄧肯都無法將詩人帶出躑躅的泥潭，遑論高貴的索菲亞·安德烈耶夫娜[3]？

　　與托爾斯泰的孫女索菲亞·安德烈耶夫娜成婚才半年，1925 年 12 月 28 日凌晨，葉賽寧在聖彼得堡的安格列吉爾酒店 5 號客房裡懸梁自盡。事後，有人專門用在這間客房裡測得的資料證明，葉賽寧把自己懸吊在暖氣管上是無法完成的事情，以此推測葉賽寧死有蹊蹺。我卻認為，自覺跟不上紅色風暴，又試圖在愛情中找到鄉愁卻屢屢失敗，葉賽寧的靈魂碎了。一個碎了的靈魂，安能苟且？想法堅定，縱然那

3　索菲亞·安德烈耶夫娜（Sophia Andreyevna Tolstay, 900 ～ 1957），葉賽寧的妻子，作家列夫·托爾斯泰孫女。

暖氣管橫在天邊，又怎能阻止葉賽寧向死的決心？

> 再見。朋友。不必握手訣別，
> 不必悲傷，不必愁容滿面 ──
> 人世間，死不算什麼新鮮事，
> 但活著，也並不更為新鮮。

詩人臨死前留下的詩行，經過輾轉，他一生中最愛的伊莎朵拉·鄧肯讀到了。2年之後，漂泊到倫敦的她，脖子上長長的火紅色圍巾，被汽車輪子死死地纏住直至勒斷她的脖子。他們竟然以幾乎相同的方式命歸黃泉，其中的詭異真讓人唏噓不已。

不過，謝爾蓋·葉賽寧已經以自己的方式獲得了永生！所以，我始終不能接受這樣的說辭：葉賽寧的詩不再被人提及是因為過於淺白。能夠給身處絕境中的人溫暖和安慰，這樣的詩怎麼可能淺白？

是清淺。梁贊和爺爺給少年葉賽寧的幸福生活，無時無刻不流淌在他的詩行裡，成為朗讀者雖邈遠卻永遠不會消失的希望。

涅瓦大街，杜斯妥也夫斯基在左，果戈里在右

　　展示在莫斯科特列季亞科夫畫廊裡的杜斯妥也夫斯基[1]肖像，是俄羅斯畫家彼羅夫[2]於1872年應畫廊主人特列季亞科夫訂貨而創作的。後來，作家的夫人安娜·杜斯妥也夫斯卡婭[3]在回憶彼羅夫幫丈夫畫這幅肖像的情景時寫道：「在開始工作之前的一週內，彼羅夫每天拜訪我們。他讓杜斯妥也夫斯基處在各種不同的心情中，談論、挑起爭論，並能覺察丈夫臉上最有特色的表情，這正是杜斯妥也夫斯基沉醉於藝術思考時所具有的那一種。

　　可以說，彼羅夫在肖像中捕捉到了杜斯妥也夫斯基創作中的一瞬。」一個肖像畫家肯與「模特兒」這樣長時間、多角度的交流，是因為當時的創作慣例，還是因為彼羅夫冥冥中感覺，將要落在他畫布上的那個人，是別具一格到百年後都罕有可匹的大作家？原因也許難猜，但是，有意也好，無心也罷，彼羅夫花在杜斯妥也夫斯基身上的那份心思，終究結出了碩果。今天，我們還能找出一幅比彼羅

1　杜斯妥也夫斯基（Fyodor Mikhailovich Dostoevsk, 821～1881），俄羅斯作家，杜斯妥也夫斯基在20歲左右開始寫作，第一本長篇小說《窮人》在1846年出版，當時25歲。杜斯妥也夫斯基的重要作品有《罪與罰》（1866年）、《白痴》（1869年），以及《卡拉馬助夫兄弟們》（1880年）。杜斯妥也夫斯基共寫了11本長篇小說、3篇中篇小說及17篇短篇小說，其文學風格對20世紀的世界文壇產生了深遠的影響。

2　彼羅夫（Vasily Pero, 834～1882），俄羅斯畫家、俄羅斯現實主義運動重要人物。巡迴展覽畫派創始人之一。

3　安娜·杜斯妥也夫斯卡婭（Anna Dostoevskay, 846～1918），俄羅斯回憶錄作家、速記員。作家杜斯妥也夫斯基第2任妻子。

杜斯妥也夫斯基肖像，俄羅斯畫家彼羅夫作品，
藏於莫斯科特列季亞科夫畫廊

彼羅夫 1851 年自畫像

夫的這一幅更出色的杜斯妥也夫斯基肖像嗎？看看
彼羅夫畫筆下的杜斯妥也夫斯基：十指痙攣般地緊
扣在一起，軀幹瑟縮地下塌著，臉色蒼白，眼睛像
是怕跟畫家交會似的微微低垂，左臉太陽穴處的
青筋暴突著 —— 一個沉醉於灼熱思考中的作家形
象，神經質地躍然紙上。

　　是的，杜斯妥也夫斯基一生貧困，且半世活在
驚恐裡，存世的影像肯定不多，但總有那麼幾幅。

然而，市面上出版杜斯妥也夫斯基的作品，但凡需要作家的肖像，多半選擇彼羅夫的這一幅。我們一次又一次地被杜斯妥也夫斯基驚世駭俗的創作嚇唬得難以自持後，一次又一次地打量彼羅夫畫筆下的杜斯妥也夫斯基，發現畫布上的作家，左臉神經質地抽搐著。

畫，特別是油畫，成為印刷品後質感會有很大的消減。我以為是印刷品的品質導致了我的誤解，這次走進特列季亞科夫畫廊，走到彼羅夫的真跡前仔細端詳黑色背景前的杜斯妥也夫斯基，參觀者們極高的素養，為我營造了極其安靜的賞畫氛圍，我得以全神貫注地與作家對視，久了，他左臉的肌肉真的顫抖了起來……。

杜斯妥也夫斯基出生在一個並不富裕的家庭，9 歲時被發現患有癲癇，此後間或發病直至病逝。1849 年 4 月 23 日，他因參與反對沙皇的革命活動而被捕，並於 11 月 16 日被執行死刑。從 4 月 23 日到 11 月 16 日，差不多半年的時間裡，杜斯妥也夫斯基被羈押在牢房等待未知的結局，這種折磨即便是心志堅強者也會難以消受，何況杜斯妥也夫斯基從小就患有癲癇。死刑判決的當下，塵埃落定倒也讓杜斯妥也夫斯基心如止水了，行刑之前又被改判流放西伯利亞，這叫極度不安的杜斯妥也夫斯基如

何安放自己的靈魂？懷揣一顆躁動不安的心和拖著屠弱的身體在西伯利亞服刑 10 年，杜斯妥也夫斯基的思想產生了重大轉變，身體也越變越壞，癲癇病發作越來越頻繁。

　　癲癇發作起來的不能自主，讓杜斯妥也夫斯基痛不欲生，這位對自己有著極大希冀的人，覺得應該針對死死盯著自己的病魔做點什麼。從 39 歲開始，杜斯妥也夫斯基把自己的每一次發病都記錄在一個筆記本上，直到 59 歲他去世為止，杜斯妥也夫斯基自己記錄共發病 102 次，症狀是「喉嚨裡發出一種十分怪異、持續不斷的、絕非人類的聲音，然後暈倒在地，身體不停地抽搐，嘴角流淌出白沫」。讓人詫異的是，作家本人竟會這樣「運用」自己的病態，在一封給哥哥的信中，他寫道：「以往每次我經歷這種神經紊亂時，都會把它用在寫作上，在那種狀態下我會比往常寫得更多，也會寫得更好。」也就是說，像《罪與罰》這樣的傑作，完全有可能是杜斯妥也夫斯基在發病狀態下完成的。這就可以解釋為什麼我們閱讀《罪與罰》第 1 部時，初讀會讓人倍覺不可思議，但掩卷而思又不得不驚嘆杜斯妥也夫斯基寫作技巧的先鋒性。他在塑造拉斯科尼科夫時可能處於譫妄狀態，從而使他在自己虛構的世界裡無所不能、所向披靡。於是，我們跟

隨拉斯科尼科夫的腳步，更是跟隨拉斯科尼科夫的
思緒，從起意殺掉放高利貸的老太婆開始，到打定
主意走出涅瓦大街旁乾草市場的簡陋出租屋、路過
門房看見斧頭時的又喜又怨、走在乾草市場前往老
太婆的公寓時，想要被意外阻止，又想順利進入老
太婆公寓的矛盾、走進老太婆的房間，確認如自己
耳聞的那樣，與之同住的妹妹不在後的竊喜和遺
憾、砍死老太婆後未及逃離，卻遇到提早回家的妹
妹時的無措和再起殺心，以及不得不再度舉起斧頭
砍死妹妹後，面對兩具血肉模糊屍體的驚慌，和處
理屍體過程中的冷靜，其實是在試著跟隨杜斯妥也
夫斯基跨越漫長且糾結的心理距離。難怪能與偉大
的作曲家華格納翻臉的尼采，會折服於杜斯妥也夫
斯基的筆力：「我從他那裡獲得了最有價值的心理
學資料，所以我才如此尊重他、崇拜他。」至今都
讓人覺得思想前衛的尼采，一句話道出了杜斯妥也
夫斯基作品能夠保持長久前端性的關鍵。也許，我
們不應該將自己的閱讀愉悅寄託在作家癲癇發作時
的苦痛上，但正是癲癇發作時的譫妄成就了越來越
傑出的杜斯妥也夫斯基，而導致其癲癇一發再發的
原因，是困窘的生活，外化到《罪與罰》裡，就是
拉斯科尼科夫借居的涅瓦大街旁，乾草市場周邊的
那間形似棺材的出租屋。

杜斯妥也夫斯基雕像，聖彼得堡

1800 年的涅瓦大街

夜幕下的涅瓦大街

　　涅瓦大街只能是貧窮的淵藪嗎？不，不。除了給拉斯科尼
科夫們帶來貧窮外，涅瓦大街還是聖彼得堡最繁華之處，與杜

杜斯妥也夫斯基之墓地雕像，聖　　　果戈里肖像畫
　　　彼得堡

斯妥也夫斯基同時代的另一位俄羅斯偉大作家果戈里[4]，以涅瓦大街為名創作的一篇 2 萬多字的短篇小說，這樣開篇：「最好的地方莫過於涅瓦大街了，至少在彼得堡是如此；對彼得堡來說，涅瓦大街就代表了一切。這條街道光彩奪目——真是我們的首都之花！我知道，住在彼得堡的平民百姓和達官貴人，無論是誰都寧可要涅瓦大街，也不稀罕人世上

[4]　　果戈里（Nikolai Gogo, 809～1852），俄羅斯作家，生於現在的烏克蘭大索羅欽齊的一個哥薩克家庭。他自幼愛好文學，深受啟蒙運動的影響。1831 年發表的《狄康卡近鄉夜話》使他受到了普希金的讚賞。1836 年，他的諷刺喜劇《欽差大臣》上演，在這部作品中，他用幽默的筆調和有力的諷刺手法，使俄國喜劇藝術發生了重大轉折。1842 年，《死魂靈》一出版，就「震撼了整個俄羅斯」，成為俄羅斯文學走向獨創性和民族性的重要標誌。別林斯基稱他為繼普希金之後的「文壇盟主」、「詩人的魁首」。而整個 1840 年代也被車爾尼雪夫斯基稱為「果戈里時期」。1847 年，他發表了《與友人書信選》，公開表示對以前所有作品的懺悔。果戈里是俄國現實主義文學的奠基人之一，也是「自然派」的創始人。

的金銀財寶。」華麗的開場戲後，果戈里的筆端被小說中兩個為愛或自戕、或受辱的年輕人的悲劇，執著得無暇旁顧涅瓦大街。直到小說的結尾處，果戈里才憤懣地寫道：「可別相信這條涅瓦大街！當我走過這條大街時，我總是用披風把自己裹得密不透風，根本不去注意那些迎面碰見的事物。一切都是騙局，一切都是夢幻，一切都是表裡不一。」愛涅瓦大街到骨髓的果戈里，始終不肯像杜斯妥也夫斯基那樣，徹底撕去不屬於涅瓦大街的偽飾，在細心描述涅瓦大街 24 小時的街景時，他忍不住賦予了這條大街美麗的暖色，這就注定了他的短篇小說《涅瓦大街》是一篇傳統批判現實主義的作品，無非想用揭露和諷刺社會的醜惡，來鼓勵讀者勇敢堅定地生活下去。果戈里之後，用於小說創作的創新手法一波又一波，果戈里的諷刺已然過時，他的藝術成就已被公認遠不及曾受過他作品影響的杜斯妥也夫斯基。

勝家大樓現為出版社和書店所在地，涅瓦大街的地標建築

涅瓦大街

從涅瓦大街俯瞰莫伊卡河

比鄰涅瓦大街的喀山大教堂

　　以涅瓦大街為軸，杜斯妥也夫斯基在左，果戈里在右。沒有了杜斯妥也夫斯基，涅瓦大街失去了陰面；沒有了果戈里，涅瓦大街將終日晒不到太陽。只有將杜斯妥也夫斯基和果戈里筆下的涅瓦大街一起供奉在俄羅斯文學的殿堂裡，俄羅斯文學才是完整的。就好比我們行走在 8 月的涅瓦大街上，陰側會讓人覺得冷風颼颼，必須穿上外套扣緊扣子；陽側又會讓人感覺燥熱，只好將外套搭在臂彎上。

　　此去俄羅斯，我帶著杜斯妥也夫斯基的《罪與罰》上路，飛機上讀、火車上讀、入住賓館以後，臨睡前也會讀幾頁，等到了聖彼得堡就有了一個心願：一定要在涅瓦大街上走一遍。8 月 17 日，我從喀山大教堂開始向西而行，一直走到海軍部大樓；8 月 19 日又從喀山大教堂出發向東而去，直到聖彼得堡火車站。去時陰側，回時陽側，涅瓦河的三條支流莫伊卡河、格里博耶多夫運河及噴泉河一一越過，也曾走進「沃爾夫與貝蘭熱」甜點店，看了幾眼俄羅斯糕點，猜想當年普希金喝咖啡時搭配了哪一款甜點，才讓他一杯飲盡後義無反顧地去了「小黑河」。當然，我也被好幾群俄羅斯人攔住，聽他們用外國腔十足的漢語問我要不要蜜蠟和俄羅斯娃娃。我沒有要俄羅斯娃娃也沒有要蜜蠟，倒是要了

兩次俄羅斯當地產的，容量大得嚇人的甜筒霜淇淋，邊吃邊遠眺滴血大教堂。只是這款只用蠟紙簡易包裝的甜筒霜淇淋，老翁賣給我時收了我 100 盧布，老太太賣給我時收了我 75 盧布 —— 看來，果戈里的《涅瓦大街》依然正當時。

普希金，用鵝毛筆宣誓了俄羅斯的豐贍

　　拿到俄羅斯之行的行程以後，我心頭一緊：不去看看普希金[1]嗎？你看，有列夫·托爾斯泰故居行，卻沒有安排給普希金的時間。也許，在同行者的心裡，列夫·托爾斯泰的分量遠遠超過了普希金？可能吧！俄羅斯文學這一浩瀚的銀河，星漢燦爛、群星薈萃，哪一顆是你心中最亮的，都屬情理之中。

　　但是，於我而言，普希金是一個有著啟蒙意義的名字，所以我想，到了俄羅斯一定要想方設法拜謁一下這位將俄羅斯文學提升了一個位階的詩人。

　　直到上大學以前，我能握在手裡的世界名著，就是我爸爸在他剛工作拿到第一個月薪資後買的一本司湯達[2]的《紅與黑》。

1　普希金（Alexander Pushki, 799～1837），俄羅斯詩人、劇作家、小說家、文學批評家和理論家、歷史學家、政論家。俄國浪漫主義的傑出代表，俄國現實主義文學的奠基人，是 19 世紀前期文學領域中最具聲望的人物之一，被尊稱為「俄國詩歌的太陽」、「俄國文學之父」，現代標準俄語的創始人。普希金的詩體小說《葉甫蓋尼·奧涅金》全景式地展示了當時俄國社會的全貌，堪稱「俄國生活的百科全書」。他不僅支持十二月黨人的某些觀點，更在自己的作品中提出了那個時代的主要社會性問題：專制制度與民眾的關係問題、貴族的生活道路問題、農民問題，塑造了有高度概括意義的典型形象：「多餘人」、「金錢騎士」、「小人物」、農民運動領袖。這些問題的提出和文學形象的產生，大大促進了俄國社會思想的前進，有利於喚醒人民，有利於俄國解放運動的發展。普希金的優秀作品達到了內容與形式的高度統一，他的抒情詩內容豐富、感情真摯、形式靈活、結構精巧、韻律優美。他的散文及小說情節集中、結構嚴整、描寫生動簡練。普希金的創作對俄羅斯現實主義文學與世界文學的發展都有重要影響，高爾基稱之為「一切開端的開端」。代表作：詩歌〈自由頌〉、〈致大海〉、〈致恰達耶夫〉、〈我記得那美妙的一瞬〉、〈魯斯蘭與柳德米拉〉、〈青銅騎士〉等；詩體小說《葉甫蓋尼·奧涅金》；短篇小說《黑桃皇后》；中篇小說《上尉的女兒》等。

2　司湯達（Stendha, 783～1842），法國作家。他以準確的人物心理分析和凝練的筆法而聞名。他被認為是最重要和最早的現實主義實踐者之一。代表作：

普希金雕像，聖彼得堡

　　我就讀的是中文系。關於文學，特別是外國文學，我一片空白地就進了大學。幸運的是，我們進學校時，一些多至大我們 10 幾歲，少則大我們 7、8 歲的哥哥、姐姐們，像愛護自己的親人一樣，將我們拉進了他們豐厚的文學世界裡。

　　那是一次迎新晚會，哥哥、姐姐們洞察了我們虛弱的文學修養，可以歌舞昇平的時候，他們卻用自己的方式向我們推薦中文系的學生應該具備的常識：話劇《雷雨》片段、《櫻桃園》片段，屠格涅夫、海明威（Ernest Miller Hemingway）作品片段朗讀，艾青、普希金、萊蒙托夫[3]的詩朗誦……。敦實的他一走上講臺，我就認了出來。進校初始，學校花了一週時間鞏固我們的師範專業思想，聽報告、看電影、觀賞與教師職業相關的文藝節目，他上臺朗誦了普希金的〈假如生活欺騙了你〉，那音色，堪比《簡·愛》（Jane Eyre）裡的羅徹斯特、《警察局長的自白》裡的警察局長。一首〈假如生活欺騙了你〉朗誦完畢，我們用力鼓掌，他於是加演一段譯製片片段，果然就是《警察局長的自白》裡局長與義大利黑手黨正面交鋒時的一段對話，他一會兒局長、一會兒黑手黨，那磁性十足的聲音，讓我們再看他

_____

《紅與黑》、《帕爾馬修道院》等。

3　萊蒙托夫（Mikhail Lermonto, 814～1841），俄羅斯作家、詩人。被視為普希金的後繼者。抒情詩〈鮑羅金諾〉、〈祖國〉、〈孤帆〉；長詩〈惡魔〉；中篇小說《當代英雄》；劇本《假面舞會》等。

矮墩墩的身材，已然覺得十分灑脫了。他站在講臺
上，一段歡迎詞後，「還是普希金吧！」他說。

> 當我緊緊擁抱著
>
> 你的苗條的身軀，
>
> 興奮地向你傾訴
>
> 溫柔的愛的話語，
>
> 你卻默然，從我的懷裡
>
> 掙脫出柔軟的身軀。
>
> 親愛的人兒，你對我
>
> 報以不信任的微笑；
>
> 負心的可悲的流言，
>
> 你卻總是忘不掉，
>
> 你漠然地聽我說話，
>
> 既不動心，也不在意……
>
> 我詛咒青年時代
>
> 那些討厭的惡作劇：
>
> 在夜闌人靜的花園裡
>
> 多少次的約人相聚。
>
> 我詛咒那調情的細語，
>
> 那弦外之音的詩句，
>
> 那輕信的女孩們的眷戀，
>
> 她們的淚水，遲來的幽怨。

—— 〈當我緊緊地擁抱你〉

　　他如磁石一般勾人的聲音久久迴盪著，讓那時本就悄無聲息的教室越發安靜──我們被嚇壞了。那一年，我們 17、18 歲，突然在大庭廣眾之下，有人朗誦「當我緊緊擁抱著／你的苗條的身軀／興奮地向你傾訴／溫柔的愛的話語」，這讓我們無地自容，紛紛垂下了腦袋。一會兒，他們的班長衝上講臺，將還在詩的意境裡的他搖醒：「在做什麼！」我們在班長的呵斥中抬起頭來，驚詫地看到，他已經淚流滿面。

　　從那以後，我開始注意他的動靜。沒過多久，他的消息就成為學校公共事件：他早就相識並相戀了 7、8 年的女友到學校來告狀，說他們已經有了夫妻之實，讀了大學以後他卻成了陳世美，要甩了她。學校通報，因為他未與舊女友分手卻又搭識了新女友，腳踏兩條船，十分惡劣。作為懲罰，他被分配到偏鄉學校教書。

　　當系主任在臺上義正詞嚴地宣布對他的處分決定時，我的耳畔一直迴盪著他朗誦〈假如生活欺騙了你〉和〈當我緊緊地擁抱你〉的聲音。也就在那一刻，我似乎懂得那晚他為什麼要改變既定安排，朗誦起〈當我緊緊地擁抱你〉，冥冥中我還覺得，普希金的詩裡有撩撥人的情懷和契合人心中難言情感的灼見──我要有一本《普希金詩集》。

娜塔莉亞‧尼古拉耶夫娜‧岡察洛娃

1829年的冬天，普希金去朋友家參加一個沙龍舞會。剛剛從白雪皚皚的室外走進燈火璀璨的舞廳，貴族男女，特別是裙釵們妊紫嫣紅的裝扮，讓普希金一時雲裡霧裡。即便如此，娜塔莉亞‧尼古拉耶夫娜‧岡察洛娃[4]的美貌還是從一群鶯鶯燕燕中脫穎而出，狠狠地抓住了普希金的視線。越看，普希金越喜歡岡察洛娃，那種古典的容貌、優雅的舉止，正是普希金心中對於妻子的藍圖啊！這位騎士開始靠了過去。那時，普希金已經以自己的詩作在莫斯科和聖彼得堡名聲響亮，尤其是年輕人，都把同樣年輕的普希金當成自己的偶像。偏偏這個岡察洛娃，像是不知道世上還有一個名叫普希金的多情詩人一樣，頷首一笑算是回應了普希金的熱情，然後就飄然而去。她不知道，她那一身飄飄如霓裳的衣裙，如春風般吹開了詩人的春心。

沒過多久，始終得不到絕世佳人芳心的普希金，索性破釜沉舟向岡察洛娃求婚，但岡察洛娃不置可否。急火攻心之

4　娜塔莉亞‧尼古拉耶夫娜‧岡察洛娃（Natalia Nikolayevna Goncharov, 812～1863），普希金的妻子。1837年2月8日普希金與法國流亡保皇黨人喬治‧丹特斯決鬥，結果腹部受了重傷，2天後去世。後嫁給了彼得‧彼得洛維奇將軍。

下，普希金去往高加索參加了俄羅斯與土耳其的戰爭，他想用時間和紛繁的世事幫助自己忘記美人。然而，半年之後，一回到莫斯科，普希金忍不住又去拜訪了岡察洛娃，遭遇的是美人又一次的冷漠待之。普希金絕望了，在他給友人的信中這樣寫道：「當時我喪失了足夠的勇氣表白自己，我覺得我扮演了十分可笑的角色，這是我生平第一次顯得如此膽怯，而人到了我這個年齡的膽怯，絕不會博得少女的喜愛。」滿篇竟無一詞是怪罪美人無情的。

痛恨著自己的怯懦，普希金離開莫斯科，前往聖彼得堡。600 多公里的距離讓普希金的相思更加苦楚，他只有在半年之後回到莫斯科，再一次向岡察洛娃求婚。出乎所有人的意料，這一次，岡察洛娃居然馬上答應了普希金。欣喜若狂之下，普希金擔心夜長夢多，挑選了一個近在眼前的日子，1830年 5 月 6 日，與岡察洛娃訂婚。除了按照世俗禮儀給岡察洛娃一個未婚夫要給未婚妻的禮物外，還有一部飽含熱情，從而火熱灼人的詩篇。

我們學校那間書店，大概是學校最令人矚目的地方。一有第 2 天要發售世界名著的消息傳出，就會有人漏夜等候在書店門前的小樹林裡。那時候的男生其實很謙讓女生，但是一提及要連夜排隊買世界名著，就再也沒有男生願意拔刀相助了。我的

《普希金詩集》是自己排了大半夜的隊買到的，上、下兩本，1本是絳紅色的封面，1本是墨綠色的封面。一買到這套詩集，首先選讀他寫的愛情詩，〈我們一起走吧，我準備好啦〉、〈聖母〉、〈是時候啦，我的朋友〉……。

抱得美人歸的普希金，深感甜蜜之外，更多的是煩惱。就算已為人妻，岡察洛娃，不，已經名喚普希金娜的容貌，依然吸引著那些登徒子們。血液中流淌著非洲族裔凶悍個性的普希金，豈可枉擔妻子被人調戲的罵名，悲劇因此上演。

聖彼得堡涅瓦大街18號的這家咖啡館，已經被更名為普希金咖啡館。8月的那個午後，我從喀山大教堂起步，行走在涅瓦大街上，慢慢往冬宮方向而去，一步一偏頭地尋找普希金咖啡館。就是這裡了：黑色的門廊上，是紅、黃、白3色店標。門邊的檸檬黃牆上，黑色銘牌上有一支鵝毛筆，銘牌的左下方，則是詩人普希金的浮雕……這一切都在告訴我們，這裡是普希金人生的最後足跡。

涅瓦大街普希金咖啡館

普希金咖啡館 2　　　坐在咖啡館裡那張固定的桌子旁、喝著黑咖啡的普希金蠟像

　　1837 年 1 月 27 日，聖彼得堡還是隆冬季節，但明媚的陽光讓這個冬季的午後一點也不陰鬱。可是，坐在咖啡館裡那張固定的桌子旁、喝著黑咖啡的普希金，心情卻不像窗外的陽光那般明媚，一會兒他將從這裡出發，去決鬥場跟一個膽敢覬覦他妻子的混蛋決鬥。一想到這裡，普希金再也坐不住了，最喜歡的黑咖啡也沒有心情喝完，就起身移步而去。這一去，就再也沒有回到這家咖啡館那張總是為他留著的桌子旁書寫詩行，在病榻上纏綿了 2 日後，詩人撒手人寰。咖啡館有情，直至今日，一尊維妙維肖的普希金蠟像真實地再現著那個下午詩人憂傷的心情，桌上放著一杯他最愛卻沒喝完的黑咖啡。咖啡館裡還陳列著一封普希金寫給妻子普希金娜的信，信中普希金用黑咖啡來比喻妻子給他的感受：「你就如沃爾夫與別蘭熱的咖啡一樣，讓我苦澀，讓我甘甜，讓我嚮往……」。那封俄文寫成的信，我一個字都看不懂，流覽著普希金那像他的愛情詩一樣能飛揚起來的字跡，那個朗誦〈假如生活欺騙了你〉和〈當我緊緊地擁抱你〉的學長的身影，又浮現在我眼前：不知道為了愛情被分配到偏鄉的他如今安在？

　　他如果還堅守在教師崗位上，大概早就悟得，讓他放棄留校資格的愛情，其實是生活中不那麼重

要的組成部分。沒有愛情，生活也許會乏味，卻不像失去了勇氣後，日子將難以為繼。我也是將紅、綠兩本《普希金詩集》讀破以後才明白，真正的普希金，是《普希金詩集》裡的〈青銅騎士〉以及《普希金詩集》外的〈葉甫蓋尼·奧涅金〉、〈上尉的女兒〉、〈伯利士·郭都諾夫〉……。後來，我的孩子去寄宿學校，每個星期五下午我都要到路邊去等待送他到這裡的校車。每個星期五下午，只要有可能，我都會特意早一點到路邊，無他，那裡有一尊普希金的塑像。有時，我會在那裡碰到國中生，他們總是繞著普希金轉了一圈又一圈，嘴裡念叨著「假如生活欺騙了你……」。我總是忍不住想要告訴他們，真正的普希金是〈青銅騎士〉、〈上尉的女兒〉、〈葉甫蓋尼·奧涅金〉、〈伯利士·郭都諾夫〉……。

這次在莫斯科，我最後還是去參觀了阿巴特街上的普希金故居。買票、進門、上樓、下樓，看他那幅著名的畫像；看他用過的書桌；看他盤桓過的房間，總覺得它不是我心目中普希金的故居。後來，到了聖彼得堡的皇村，那一尊普希金的塑像，無法取代我故鄉的那一尊。是不是這一次俄羅斯之行憑弔普希金的願望將無法實現？不。

普希金夫婦雕像，地處莫斯科阿巴特大街

普希金之莫斯科故居室內

聖彼得堡的十二月黨人廣場，有一尊彼得大帝騎馬的雕像。這尊雕像，除了以 5 公尺高度從視覺上征服了所有前來觀賞的人們外，馬背上的彼得大帝睥睨天下的姿態，以及馬後蹄踩著象徵瑞典等強國的毒蛇，無不彰顯著俄羅斯人的剽悍和霸氣！此銅像由女皇葉卡捷琳娜二世於 1782 年邀請法國雕塑家法爾科內[5]完成。1833 年，普希金完成著名的敘事長詩〈青銅騎士〉後，俄羅斯人民馬上將這一尊彼得大帝塑像改稱為青銅騎士 —— 說起來，普希金是為情所傷，可是，在俄羅斯人民的心中，普希金是像彼得大帝一樣的民族英雄。只不過，彼得大帝騎上戰馬蕩平天下，普希金則是用一支鵝毛筆向全世界宣誓了俄羅斯民族的豐贍。

5　法爾科內（Étienne Maurice Falcone, 716 ～ 1791），法國洛可可雕塑家。他的資助人是著名的龐巴度夫人。他最成功的早期雕塑作品之一，是克羅托那的米羅，這使得他在 1754 年成為法蘭西藝術院的會員。而坐落在俄羅斯聖彼得堡的彼得大帝青銅騎士，像則是他生平最優秀、最具代表性的傑作，這也是聖彼得堡的標誌性景點之一。

彼得大帝騎馬雕像，俗稱「青銅騎士」像，位於聖彼得堡

我有我的蕭洛霍夫

　　草嬰[1]先生走了，在我將長久的夢想變成現實的 2 個月後，這位告訴我蘇俄文學是一面多稜鏡的翻譯家，走了。

　　臨去俄羅斯之前的那個夏天，我特意從書櫥裡請出托爾斯泰小說全集，翻完一本就摩挲一遍封面上譯者的大名，心裡想：如果我第一遍閱讀托翁的《安娜·卡列尼娜》是草嬰先生的譯本，再閱讀《復活》和《戰爭與和平》，中間還會不會用幾乎 1 年的時間來猶疑？

　　8 月 14 日，我行走在列夫·托爾斯泰的故居雅斯納亞·波良納時，在進門處的林蔭大道上，在托翁寫作和起居了一輩子的兩層小樓裡，我在心裡一直默念著草嬰先生的名字。除了感佩先生舉一己之力重譯了列夫·托爾斯泰的全集，從而讓我們可以讀到語言風格一以貫之的中文譯本外，我還想知道：1985 年的蘇聯之行，草嬰先生您來過此地後，有沒有去過蕭洛霍夫[2]先生的頓河？這樣的問題我只

1　草嬰（1923 ~ 2015），原名盛峻峰，浙江鎮海人，中國俄羅斯文學翻譯家。主要翻譯列夫·托爾斯泰、萊蒙托夫、蕭洛霍夫諸家名作。代表譯著：《托爾斯泰小說全集》、《靜靜的頓河》、《一個人的遭遇》、《當代英雄》等。

2　蕭洛霍夫（Mikhail Sholokho, 905 ~ 1984），蘇聯作家。連任多屆蘇共中央委員，當過蘇聯作家協會書記，並兩次獲得社會主義勞動英雄勳章。1965 年以《靜靜的頓河》一書榮獲諾貝爾文學獎。1999 年，《靜靜的頓河》手稿被發現存於蕭洛霍夫密友庫達紹夫的遠親家中。當時的俄羅斯總統普丁下令財政部籌款，以 50 萬美元購得，俄羅斯文獻鑒定專家委員會鑒定手稿確為蕭洛霍夫手跡，目前珍藏於「高爾基世界文學研究所」。聯合國教科文組織決定，2005 年命名為「蕭洛霍夫年」。

敢放在心裡默默地問，我怕同行者會笑話：與草嬰先生生活在鄰近土地，你不會想方設法去當面請教？當然，先生已年過 90，不方便我等不相干人員隨便打擾。更重要的原因是，我覺得草嬰先生透過翻譯托爾斯泰全集，他靈魂的一部分已經留駐在托翁故居，我問，他聽得見。

　　草嬰先生走了，這樣的秋夜我們如果慢行在雅斯納亞‧波良納，抬頭仰望，一定能看見天上有兩顆最亮的星星，正開心地眨著眼睛，那一定是托爾斯泰和草嬰在另一個世界裡已經相遇，此刻正相談甚歡。不揣冒昧，我還是要問：蕭洛霍夫在草嬰心中的地位如何？大度得恨不能散盡家產的托爾斯泰一定不會在意我的執念，說不定他還會不恥下問：蕭洛霍夫是誰呀？

　　對大多數人來說，米哈伊爾‧蕭洛霍夫是《靜靜的頓河》的作者。而對我來說，蕭洛霍夫首先是《一個人的遭遇》的作者。1983 年，當我以為蘇聯文學就是高爾基、馬雅可夫斯基[3]、法捷耶夫[4]、奧斯特洛夫

蕭洛霍夫

蕭洛霍夫的簽名

3　　馬雅可夫斯基（Vladimir Mayakovsk, 893 ～ 1930），蘇聯著名詩人。

4　　法捷耶夫（Alexander Fadeye, 901 ～ 1956），蘇聯作家，政治人

斯基[5]的時候，是學校油印的、由草嬰先生翻譯的蕭洛霍夫的《一個人的遭遇》，讓我震驚之餘深感自己的孤陋寡聞，從此沉潛進俄蘇文學，杜斯妥也夫斯基、艾特瑪托夫[6]、契訶夫等一大串作家的名字進入我的視野，他們的作品進入了我的閱讀清單。閱讀是寂寞的，但收穫是豐滿的。杜斯妥也夫斯基的詰問是那麼盤根錯節；艾特瑪托夫的荒野是那麼遼遠又希望永在；契訶夫用文字堆疊起來的富礦到今天都讓我有挖掘不盡的憂傷……而這，我固執地認為，覺悟於學校油印給我們的那本小冊子：土黃色的牛皮紙封面上，一個老兵孤獨地走在曠野裡，大地深處，「一個人的遭遇」的字樣，縹緲得形單影隻。

　　索科洛夫是一個有著美滿、幸福家庭的工人。衛國戰爭開始了，3 天後，公民索科洛夫告別了妻子、兒女應徵入伍。戰爭中，索科洛夫負傷後被俘，被關押在德國集中營。2 年中，索科洛夫受到了種種非人的折磨，

物。以描繪俄國內戰的《毀滅》和衛國戰爭中的地下抵抗運動《青年近衛軍》知名，曾長期擔任俄羅斯無產階級作家協會主席和蘇聯作家協會總書記。1956 年 5 月 13 日在赫魯雪夫的迫害和折磨中自殺身亡。

5　奧斯特洛斯基（Nikolai Ostrovsk, 904 ～ 1936），蘇聯著名無產階級革命家、作家，布爾什維克戰士。其最出名的作品是描寫俄國內戰的《鋼鐵是怎樣煉成的》。

6　艾特瑪托夫（Chinghiz Aitmato, 928 ～ 2008），蘇聯作家，吉爾吉斯人。其作品集被翻譯成 100 多種文字在世界各地出版。代表作：《白輪船》、《一日長於百年》、《死刑臺》、《群峰顛崩之時》等。

1933 年蘇聯《小說報》開始連載蕭
洛霍夫的《靜靜的頓河》

艾琳娜.比斯特利茨卡婭,《靜靜
的頓河》電影主角

是一個死過幾次的人。1944 年,設法回到祖國的索科洛
夫不得不接受一個令他悲痛欲絕的事實,他朝思暮想的
妻子和 2 個女兒早在 1942 年就被敵機炸死,唯一的兒子
也在戰爭勝利的那天早上壯烈犧牲於柏林前線。雖然心
灰意冷,但索科洛夫不想就此告別這個讓他走投無路的
世界,而是選擇孤獨地生活下去。好在,戰爭結束了。
索科洛夫復員回家鄉,當了汽車司機,然而,在一次交
通事故後,他的駕駛執照被收繳,他失業了,只好流落
他鄉苦苦度日。一天。索科洛夫在火車站「撿」到一個在
戰爭中失去父母的孤兒萬尼亞,萬尼亞讓索科洛夫想起
了戰前自己那個幸福的家,他決定收養萬尼亞組成一個
新的家庭。生活很艱難,但偶得的萬尼亞讓索科洛夫看
到了新的希望。

　　一部篇幅雖小，卻被蘇俄文學界評價為預告解凍文學的偉大小說。蕭洛霍夫在設計小說的氣氛由陰冷向溫暖轉折時，將地點放在了火車站，為什麼？作家沒有多做說明，我卻以為，是因為在蕭洛霍夫的人生和文學生涯中，一座車站是其成敗得失的見證。這座車站，叫米列羅。現在，想要去蕭洛霍夫故居，無論選擇從莫斯科出發，還是從聖彼得堡出發，當火車抵達一個叫米列羅的小站時，你就應該下車了。出了米列羅小站，你會發現，很是荒涼。第二次世界大戰之後，這個國家從蘇聯過渡到了獨聯體，但一個讓當局很無奈的現狀一直延續著，那就是人口呈負成長狀態。第一次俄羅斯之行，我只能在莫斯科和聖彼得堡2城停留幾天，那裡，似乎看不見地廣人稀的肅然，可是，從莫斯科到圖拉的一路上，從莫斯科到聖彼得堡的火車沿線，那真是只見樹木和曠野，罕見生動的人群。那麼，米列羅很荒涼，又有什麼好奇怪的？只是，從米列羅到蕭洛霍夫的家鄉月申斯克鎮，得有數10分鐘的車程，等一輛定班的大客車或找一輛計程車，都是會費點周折的事情。想像一下，差不多100年前，蕭洛霍夫往來於家鄉和莫斯科，得經歷怎樣的舟車勞頓？但17歲的蕭洛霍夫還是透過先馬車、後氣喘如牛的火車去了莫斯科。因為這個少年知道，只有抵達過莫斯科，為自己繪就的文學藍圖才能

實現。

那一年是 1922 年，蕭洛霍夫從月申斯克鎮出發，一路顛簸到米列羅車站後，擠上去莫斯科的火車。

經歷過蘇聯解體、休克療法後的經濟萎縮以及被西方世界經濟制裁後，莫斯科顯得有些蕭條。克里姆林宮依然不可一世；紅場上依然萬頭攢動；古姆百貨依然燈火通明，但是，更像是莫斯科視窗的阿巴特街，卻呈現著不可掩飾的蕭條 —— 除了街口的普希金故居不停歇地有人進進出出外，從這裡出發一直走到阿巴特街的另一頭，除了遊客，就是死拉遊客與之合影的卡通人物了，還有，就是不停地吆喝蜜蠟和俄羅斯娃娃的店員。虛假的繁榮讓阿巴特街無所作為得讓人心疼，幸好，還有那位街頭藝術家清亮的歌聲在提醒我們，俄羅斯是一頭瘦死也不會倒伏的駱駝。

1922 年的莫斯科，流轉到布爾什維克手裡的時間還不長，一定是生機勃勃的吧？所以來自頓河畔的蕭洛霍夫，驀地與之相遇，很是手足無措。頓河邊他的家鄉，林木掩映、河水流淌，不知從何來，也不知去哪裡的頓河環繞，住在河邊的哥薩克，散居在廣袤的大地上，時時上演著如格里高利和阿克西妮亞那樣洶湧澎湃的愛情故事。在這樣一幅風景

畫裡長大的蕭洛霍夫，乍一遇到莫斯科的車水馬龍和威嚴聳立的建築，怎會不瞠目結舌？1922 年，走進莫斯科後的蕭洛霍夫以鄉村少年的直截了當，完成了他人生中的 3 件大事，一是加入了文學組織「青年近衛軍」，二是與一位哥薩克女教師瑪麗姬·格羅斯拉夫斯卡婭結為伉儷，三是發表了生平第一部短篇小說《胎記》。差不多 2 年之後，魂牽夢縈著月申斯克小鎮和在小鎮旁流淌的頓河，蕭洛霍夫攜妻回家，當然是由莫斯科火車站出發，慢條斯理地到達米列羅後，他們再換乘便車，一路顛簸，這才踏入位於月申斯克鎮頓河坡道上的家。

這一次去俄羅斯旅行，時間匆忙，不允許我如當年蕭洛霍夫那樣，從莫斯科搭乘火車到米列羅、再乘大客車去月申斯克鎮去看看那一棟米色的兩層建築，但我忘不了那本油印小冊子《一個人的遭遇》帶給我對文學翻天覆地的認知，臨行前忍不住一遍遍地問去過俄羅斯的朋友，就在俄羅斯逗留這麼幾天，有沒有可能去一趟月申斯克鎮呀？讓我失望的是，就算在俄羅斯逗留過 3、4 個月，他也不曾動過要去看看蕭洛霍夫故居的念頭。我們幾乎忘了蕭洛霍夫。自 1980 年代後期以來，美國文學、英國文學、德國文學、西班牙文學，尤其是拉丁美洲文學，漸成此地外國文學的主流，曾經那麼深切地滲

透進我們生活的俄蘇文學，被容易忘卻的我們淡忘得難以在記憶中找到痕跡。只有那些年過半百的文學愛好者，去俄羅斯時曾試圖想去月申斯克鎮祭拜當年曾經給過自己文學滋養的蕭洛霍夫，但無一例外地被當地導遊打了回票：連托爾斯泰故居都少有觀光客前去！

是，從莫斯科出發到圖拉 —— 托爾斯泰莊園所在的小城，是 4 個多小時的車程，都少有人問津，遑論需時更長的莫斯科到月申斯克鎮之旅了。雖然畏途，當年的蕭洛霍夫卻不得不一次次地上路。蘇聯時期，一個作家哪敢距離布爾什維克的中心過於遙遠？說來也是驚心動魄，若那一次作家本人不急中生智，世間也許就沒有皇皇巨著《靜靜的頓河》了。

貴為蘇維埃政權認可的作家，蕭洛霍夫從不恃才傲物，而是將自己的身心完全融入頓河，融入生活在頓河邊的哥薩克中。蘇維埃政權農莊集體化推行到頓河流域之後，像蘇聯其他地區一樣，政策的弊端開始顯現。把自己當作頓河畔哥薩克一員的蕭洛霍夫無法做到對哥薩克們的食不果腹和衣不蔽體視而不見，他為民請命，直接寫信給史達林，如實反映了曾經豐饒的頓河兩岸，已經被災難和饑饉籠罩得荒涼一片的情況。蕭洛霍夫的直諫為當地百

姓要到了救命糧食的同時，也為自己招惹了麻煩。
1939 年，當地政府羅織罪名，企圖逮捕蕭洛霍夫。
是那些吃過他討來、要來的救命糧食的哥薩克，將
風聲透漏給了蕭洛霍夫，把他送到了米列羅，一列
迅即從米列羅出發開往莫斯科的火車，幫助蕭洛霍
夫逃過了一劫。

蕭洛霍夫紀念碑，莫斯科果戈里大街

又一場驚夢降臨，是在 4 年之後，恰好經停莫斯科的蕭洛霍夫被當時的聯共（布）中央政治局委員、中央書記日丹諾夫[7]召見。城裡的上級與鄉下的下級越過了初次這麼近距離交談的生疏後，蕭洛霍夫聽見日丹諾夫向他宣布：蘇聯作協總書記法捷耶夫打算創作新作品，向蘇維埃請了創作假，黨決定讓蕭洛霍夫接任。沒有準備的蕭洛霍夫愣住了，且不說作協總書記的職務將全然打亂自己的創作計畫，法捷耶夫在任上給蘇聯作家們帶來的厄運，即便身在遠離莫斯科的月申斯克鎮，蕭洛霍夫也是悉數耳聞了，他豈會不知道書生在權力面前的百無一用和百般無奈？法捷耶夫只是做了當局迫害知識分子的替罪羔羊，而蕭洛霍夫，不願意自己沾染上汙點。情急之下，蕭洛霍夫從口袋裡掏出火車票，誠懇地告訴日丹諾夫：「我已經買好了回家的火車票。」就這樣，蕭洛霍夫又坐上了從莫斯科開往米列羅的火車。

1950 年，蘇聯政府出資讓每一位對國家做出重大貢獻的知識分子在莫斯科郊外建造別墅，蕭洛霍夫再一次選擇遠離莫斯科，說什麼也不願意在莫斯科的郊外安家，以自己在頓河邊的家在第二次世界大戰中被德國人炸毀為由，請求國家讓他在原址

---

[7]　日丹諾夫（Andrei Zhdano, 896～1948），史達林時期主管意識形態的蘇聯主要領導人之一。

重建他的家。於是，月申斯克鎮頓河邊就有了這棟米色的 2 層小樓。就在這棟房子裡，蕭洛霍夫完成了新婚後，從莫斯科歸來時就開始寫作的鴻篇巨制——《靜靜的頓河》……。

1965 年，因為多卷本《靜靜的頓河》，蕭洛霍夫榮獲諾貝爾文學獎。從這之後，說及蕭洛霍夫，人們言必稱《靜靜的頓河》，這無可厚非。這部蕭洛霍夫用了 14 年的時間才完成的皇皇巨著，凝聚著作家的多少心血？但那也是大眾的蕭洛霍夫。我的蕭洛霍夫，首先一定是《一個人的遭遇》的作者。草嬰先生用極其優雅的漢語將我看不懂的《一個人的遭遇》變成了我的寫作模本，這難道不是奇蹟嗎？

燕燕，我在重讀屠格涅夫

　　1984 年的歲末，同宿舍的室友都回家去了。我從小在外婆家長大，回到父母身邊後一直與他們有很深的隔閡，就以要複習參加研究所考試為藉口，假期不回家了。

　　8 個人的宿舍，現在就剩我一個了，沒有了 8 個人的共同呼吸，宿舍裡冷得發抖，早晨起床，架子上的毛巾凍成了冰棒。當然，我可以睡到午後，但年輕人的腸胃消化功能極佳，每天早上我都是因為餓得受不了才不得不起床的。起床後，又因為冷，我手握硬邦邦的毛巾，晃晃空空如也的熱水瓶，總是想哭。

　　那一天，也是如此。我正要鼓起勇氣衝向比宿舍還像冰窖的盥洗室時，聽到有人敲門。我把門開了一條縫往外看，原來是教我們文藝理論的陳老師。我訕笑著打開了宿舍的門，這才看見，陳老師的身後還跟著一個人。她個子矮小、皮膚白皙，綁著兩條麻花辮，上身一件紅彤彤的棉襖，下身一條肥嘟嘟的黑褲子，腳穿一雙黑燈芯絨棉鞋 —— 有點俗氣。「看夠了嗎？」陳老師的笑問讓我滿不好意思的，我轉頭往他們身後漫無目的地笑著，又聽到陳老師說：「帶一個人來給妳做伴，歡迎嗎？」我一愣。我不是一個合群的人，除非遇到合乎心意的。但事到如今，除了點頭，我還能怎樣？「林燕燕，

報考我們學校的研究所。本來要住到學校招待所的，我一想，妳不也是一個人嗎？」

　　就這樣，林燕燕成為我複習、準備考試的夥伴。同吃同住一起複習了 2、3 天後，我發現林燕燕滿合我胃口的，那種故作姿態的冷然，開始被我自己丟棄。看我這樣，原本就按捺住自己的林燕燕徹底放開了，跟我埋怨：「你們這邊太冷了。」什麼？我鼻子一哼：「你一個北部人，居然說我們這裡冷？」「可不是嗎？我們室外溫度是低的，但室內有開暖氣，可舒服了。」看我一副不知暖氣是何物的傻樣，她繼續炫耀：「這裡一直下雨，更冷。我們那裡，下雪，鵝毛大雪，美極了，看起來一點也不冷。」

　　我長到大學都快畢業了，也沒看見過幾場像樣的大雪，就揶揄道：「深山老林，是能美成什麼樣？」燕燕像是繞了一大圈就為了等我這個問題似的，將一本屠格涅夫[1]的《獵人筆記》擺在我的面

1　屠格涅夫（1818～1883），俄羅斯現實主義小說家、詩人和劇作家。屠格涅夫生於俄羅斯奧廖爾一個舊式富裕家庭，父親是一個騎兵團團長，16 歲時父親去世。屠格涅夫的媽媽脾氣很不好，經常打罵自己的孩子。屠格涅夫進入莫斯科大學 1 年，隨後轉入聖彼得堡大學學習經典著作、俄國文學和哲學。1838 年前往柏林大學學習黑格爾哲學。在歐洲，屠格涅夫見到了更現代化的社會制度，被視為「歐化」的知識分子，主張俄羅斯要學習西方，廢除包括農奴制在內的封建制度。他擅長細膩的心理描寫和抒情，他的小說結構嚴整、情節緊湊、人物刻劃生動，尤其是女性藝術形象，描寫的大自然充滿詩情畫意。代表作：長篇小說《羅亭》、《貴族之家》、《父與子》；中短篇小說《獵人筆記》、《初戀》、《春潮》；劇本《貴族長的早餐》、《單身漢》等。

前，翻到那一頁敲了敲，「讀讀！」我乖乖地讀了讀：「太陽下山了，不過林子裡仍然很明亮；空氣清新而明朗；鳥兒嘰嘰喳喳地叫著；鮮草像綠寶石一樣發出耀眼的光澤……你就等著吧！林子裡面慢慢地變黑了；落日的紅光漸漸地沿著樹根和樹幹冉冉升高，從還沒有長出葉子的低枝移到紋絲不動的、沉沉入睡的樹梢上……很快樹梢也變得黯淡了，紅色的天空成了藍色。林子裡的氣息變得濃烈了，夾雜著微微的暖和的潮氣，吹過來的晚風在你身旁靜止不動了。鳥兒也開始睡了 —— 似乎不是一下子都入睡的，因為種類不一樣，早晚也就不一樣：首先安靜下來的是燕雀，片刻之後就是知更鳥，然後是黃鸝。

林子裡變得更黑了。樹林融合成黑黝黝的一大片，藍色的天空羞羞怯怯地露出了星星的眼睛。所有的鳥兒都睡了。只有紅尾鳥和小啄木鳥還無精打采地發出像口哨一樣的叫聲……很快牠們也沒有動靜了。再次在你的頭頂上方響起柳鶯那悅耳的叫聲，黃鸝不知在哪兒悲慘地叫了一陣後，夜鶯就開始唱歌了。你也許等得不耐煩了，突然 —— 不過只有獵人才懂我說的話 —— 突然由那沉沉的寂靜中傳出一種很特別的喀喀聲響，你會聽到急切、短促而又均勻的翅膀扇動的聲音 —— 這就是山鷸，

屠格涅夫肖像畫，列賓作品

牠們高雅地斜著自己很長的嘴，從黑暗的白樺樹後輕鬆地飛到外面……」(《獵人筆記》，屠格涅夫著)。

讀到這裡，我翕動嘴巴正想氣燕燕：哪裡有說下雪？燕燕的神情讓我閉上了嘴。只見她眼光迷離得已經看不見近在咫尺的我，臉頰紅得發燙，身體都有點顫抖了，這才離家幾天啊！我趕緊轉移話題：「燕燕，妳真喜歡屠格涅夫啊！這本《獵人筆記》，妳好像隨身帶著呢！」燕燕一激靈，靈魂也回來了。她告訴我，她就是因為喜歡屠格涅夫才報考我們學校主修俄羅斯文學的研究所的，「知道嗎？我外甥出生的時候，我纏著我的姐姐、姐夫一定要幫孩子取名叫木木，柴木木，我姐夫正好姓柴。知道為什麼嗎？」我搖頭，覺得好好一個孩子叫一個木頭木腦的名字做什麼？林燕燕生氣了，幾乎是從牙縫裡擠出一句：「屠格涅夫寫過一篇小說就叫〈木木〉。」

我被激到了，雖然被研究所考試科目中的政治和英語壓榨得焦頭爛額，還是找到〈木木〉讀了起來。

1852 年 2 月，屠格涅夫的好友果戈里

去世。忌憚於果戈里的政治立場以及他在當時俄羅斯的影響，沙皇政府明令禁止彼得堡的報刊刊登悼念果戈里的文章，還特別強調，如果屠格涅夫寫了紀念果戈里的文章並發表，就逮捕他。外表儒雅但個性剛烈的屠格涅夫就是不肯屈服，迅速寫了一篇頌揚果戈里的文章後，躲開密探的監視，將文章送到莫斯科，發表在《莫斯科新聞》上。很快的，沙俄的特務機關看到已經公開發表的這篇文章，以最快的速度傳喚了屠格涅夫，在監禁了他 1 個月之後，屠格涅夫被沙皇流放到原籍斯巴斯克塔。〈木木〉的主角啞巴格拉西姆的原型是屠格涅夫母親莊園裡的一個農奴，沙皇的流放成全了屠格涅夫最好的短篇小說，可惜，初讀〈木木〉時我太年輕，沒有將其與即將到來的廢除農奴制革命連結起來。不過，一個不能說話的大男人，對應一條柔弱的、叫木木的斑點狗，是能讓女學生神經顫慄的人物關係。從那之後的 3、5 年裡，我迷戀上了屠格涅夫，《獵人筆記》、《羅亭》、《父與子》、《貴族之家》、《阿霞》……，「語言的巨人，行動的侏儒」成為那段時間裡我最喜歡拿來與人爭論的話題，以及指摘自己不喜歡的人的評語，後一點，深受燕燕的影響。

因為屠格涅夫，我們兩個關係好到形影不離，她開始跟我絮叨她的男友 —— 正在大學攻讀日本

文學研究所的小冀。從她的敘述中得知，小冀希望她放棄讀研究所，回北方與他結婚，我說：「去呀！既然妳那麼愛他。」可是燕燕回答：「男人以文學研究為終身職業，不就是一個『語言的巨人，行動的侏儒』嗎？」我無言以對。研究所考試結束後，燕燕要回家等待是否進入複試的消息，我特別去買了一隻布製玩具斑點狗，讓她帶回去送給柴木木。

我的研究所考試鎩羽而歸，原因是政治成績少了 1 分。一個念頭閃過腦際：如果我把閱讀屠格涅夫的時間用在背誦政治上呢？但只是閃過，很快我就從失利的陰影中掙脫出來了，該做什麼就做什麼，包括每天早上去學校最好的林蔭道上讀書，春天就這麼又來了。

那天早上，我與我非文學系的男友正在林蔭道上攻讀新概念英語，聽見陳老師叫我，我尋聲望去，我的天，林燕燕！換了春裝的燕燕顯然要比冬天時漂亮許多，特別是她那被冬裝遮得密不透風的潔白無瑕的脖子。我丟下男友徑直奔向燕燕，我們擁抱在了一起。互相揉搓中，我聽見燕燕小聲說道：「我以為妳會生氣呢！我以為妳會生氣呢！」為什麼？我放開她轉向陳老師，她平靜地告訴我，燕燕來是為了參加複試。我的心被狠狠地往下拉，但是，21 歲的我已經懂得掩飾，「怎麼會呢？我們又

不是同個科系的。」可是，等到陳老師帶著燕燕去辦理相應手續後，我還是哭了。那是我第一次在男友面前落淚。

很意外，燕燕面試沒有通過，據說是被人替換了。大概燕燕已有所察覺，面試結束後那天下午，把我約到校園的一個角落裡，說了很多，細節省略後，她說其實她已經結婚了，小冀是她的丈夫，木木是他們的兒子。小冀說如果她來讀研究所，他們就離婚。木木肯定不會給燕燕。「對了，」燕燕含著淚說：「木木非常喜歡那隻小狗，總是接一盆水將小狗放進去。」可以這麼喜歡玩具的嗎？當時，我不明白燕燕為什麼要告訴送玩具的人這個細節。現在，我也依然不太明白。只是，沒有讀研究所的燕燕，回家後還是跟小冀離了婚，這是燕燕寫信告訴我的。我回信追問，木木呢？沒有答案。

數年以後，我突然收到一封來自美國的信函，一看到信封上的字跡，我便激動得想哭，是燕燕！信裡，她告訴我，她嫁給了一個小她 5 歲的傻瓜，就跟著到了美國。我連夜寫信，照著信封上的地址寄過去，卻又沒了下文，這一晃，20 多年過去了。

我以為我已經將林燕燕忘記了，可是，俄羅斯的行程確定以後，我馬上想起了她！於是，我找出《獵人筆記》，找到她當年指給我的那一段：「林

子裡面慢慢地變黑了；落日的紅光漸漸地沿著樹根和樹幹冉冉升高，從還沒有長出葉子的低枝移到紋絲不動的、沉沉入睡的樹梢上……很快樹梢也變得黯淡了，紅色的天空成了藍色。」可惜，此行俄羅斯，只在莫斯科和聖彼得堡晃悠，我一路尋找屠格涅夫的俄羅斯，但是無果，只在聖彼得堡感覺到了他的存在：被沙皇解除流放後，屠格涅夫回到聖彼得堡。回來之後，屠格涅夫發現自己已經無法融入以車爾尼雪夫斯基為中心的文化圈，在寂寞中離開俄羅斯前往法國。整個 1870 年代，屠格涅夫像一株無根的浮萍，漂浮在巴黎的文化圈，備嘗被邊緣化的苦果後，屠格涅夫與流亡在巴黎的民粹分子關係非常密切，時常接濟他們。他是希望這一股政治力量能夠幫助自己回家。

最終，他沒能回家，1883 年 9 月 3 日下午 2 時，屠格涅夫在法國巴黎的布日瓦爾逝世，最終，他還是回了家。不久，遵照屠格涅夫生前的遺願，其遺體被從法國運回聖彼得堡，葬在沃爾科夫墓地別林斯基的墓旁。

遺憾的是，我竟沒有足夠的時間找到沃爾科夫墓地，找到屠格涅夫。去俄羅斯之前，我還暗暗許願，要站在屠格涅夫墓前告訴燕燕，我在重讀屠格涅夫。

屠格涅夫墓地，聖彼得堡科爾科沃公墓

墓木已拱，但他從未走遠

列夫·托爾斯泰[1]莊園雅斯納亞·波良納[2]應該是我俄羅斯之行的重頭戲。按照我以往的習慣，去俄羅斯之前，關於列夫·托爾斯泰莊園，我會做足功課。《復活》和《安娜·卡列尼娜》已經不需要重讀了。青春歲月裡，不知道重溫過多少遍一個大叔在時過境遷後，良心發現地無盡懺悔的故事；和一個美人遲暮以後，依然迷途不知返地在愛海裡沉浮的故事。但是，當年沒有讀完的《戰爭與和平》，今天是不是應該再試一試能否入我眼、入我心了呢？可是，眼下的心境已經無法沉潛下來閱讀四卷之巨的長篇小說，我投機取巧地找到最佳版本的電影《戰爭與和平》看了一遍，需要細細思索的地方再拿出

1　列夫·托爾斯泰（Leo Tolsto, 828 ～ 1910），俄國小說家、哲學家、政治思想家，也是非暴力的基督教無政府主義者和教育改革家。他是在托爾斯泰這個貴族家族中最有影響力的一位。身為傑出的藝術巨匠，托爾斯泰創作有 3 大特點：最清醒的現實主義、卓越的心理描寫、非凡的藝術表現力。托爾斯泰著有《戰爭與和平》、《安娜·卡列尼娜》和《復活》這幾部被視為經典的長篇小說，被認為是世界最偉大的作家之一。在文學創作和社會活動的過程中，他還提出了「托爾斯泰主義」，對很多政治運動有深刻影響。托爾斯泰於 1902 ～ 1906 年間，每年均獲得多次諾貝爾文學獎提名，並於 1901、1902和 1909 年多次獲得諾貝和平獎提名，而他從未獲獎，也成為諾貝爾獎歷史上的巨大爭議之一。

2　雅斯納亞·波良納（Ясная Поляна，意為「空曠的林間空地」），作家列夫·托爾斯泰出生、生活和長眠的地方，位於俄羅斯圖拉市西南 12 公里。列夫·托爾斯泰的故居在他死後成為紀念他的博物館，起初由他的女兒托爾斯塔婭管理，現在的博物館負責人也是托爾斯泰的後人。博物館擺放托爾斯泰的個人財產、動產和藏書 22,000 本的圖書室。托爾斯泰就是在這裡創作他的著名小說《戰爭與和平》和《安娜·卡列尼娜》。博物館包括托爾斯泰的大宅、他為農民兒童興建的學校，和他被埋葬的公園，第二次世界大戰時被德軍侵占和褻瀆，但大部分珍貴的物品都事先被蘇聯政府搬走。大戰過後，大宅回復至托爾斯泰居住時的面貌，而雅斯納亞·波良納繼續成為俄羅斯其中一個大批遊客參觀的旅遊景點。1960 年 8 月 30 日，該博物園區被俄羅斯蘇維埃聯邦社會主義共和國部長會議列為共和國重點保護古蹟。

列夫‧托爾斯泰畫像，列賓作品

原著來，如此，倒也在出發前將《戰爭與和平》順了一遍。那麼，我是不是還應該了解一下雅斯納亞‧波良納？

　　陳丹青先生的《無知的遊歷》將很大篇幅獻給了雅斯納亞‧波良納，我恰巧剛剛讀過。畫家寫起列夫‧托爾斯泰故居來，布局和色彩變化拿捏得非常準確 —— 畫家一旦用文字，而不是畫面表達心聲時，常會有出人意料的表現。陳丹青以針砭時

弊的雜文為人矚目，所寫文章如同磚塊扔進水塘裡，「撲通撲通」的回聲總讓讀者流連忘返。誰又能想到，這麼火辣辣的寫手，一觸碰到列夫·托爾斯泰，竟然像是交作文給老師的小學生，一路寫來戰戰兢兢不說，他竟然始終將《戰爭與和平》帶在手邊。兩相比較之下，我怎麼敢宣稱：雅斯納亞·波良納，我準備好了？

事實上，我的確沒有準備好。

列夫·托爾斯泰的故居雅斯納亞·波良納位於俄羅斯的圖拉市[3]，距離莫斯科大約 180 公里。我們的賓士旅行車上午 9 點從莫斯科的伊茲麥洛夫斯基公園附近的酒店出發，一路暢行在俄羅斯遼闊的平原上，我一邊嘆息如此肥沃的土地竟然大片大片地拋荒著，一邊焦急地等待文豪的故居驀然出現在眼前。然而，直到中午 12 點多，車子才進入圖拉市，這一座以生產茶炊和甜餅而享譽俄羅斯的城市，用時不時陳列在街邊的廢棄大炮和飛機告訴途經者，在第二次世界大戰期間，這座城市曾經是蘇聯的兵

3　圖拉市（Tula），俄羅斯的工業市鎮，位於莫斯科以南 165 公里，有烏帕河流經。作為重工業重鎮，圖拉以軍工生產聞名。蘇維埃國內革命戰爭期間，知名的圖拉槍炮廠就位於該城。1941 ～ 1945 年的蘇德戰爭期間，圖拉因軍工城市，成為德國在 1941 年 10 月 24 日和 12 月 5 日攻破蘇聯莫斯科地區的目標，但該市因有充足的裝備而屹立不搖，古德林的第二裝甲師也在圖拉被擊敗。圖拉在蘇聯對莫斯科防守和隨後反擊時確保了南翼安全，在 1976 年被授予「英雄城市」的稱號。圖拉以一種由蜂蜜和薑餅製成的傳統俄羅斯食品圖拉薑餅出名，在西方被稱為茶炊的生產中心，因此有一句俄羅斯諺語：「你到圖拉時不會帶茶壺」。

工廠。而那一座傲立在城市裡的第二次世界大戰紀
念碑,則鄭重地告訴遊客:圖拉為擁有列夫·托爾
斯泰而自豪,也為第二次世界大戰中城市為祖國所
做的貢獻而驕傲。

列夫·托爾斯泰畫像,列賓作品 2

第二次世界大戰紀念碑，圖拉市

　　那天，我們只為追隨列夫·托爾斯泰而去，所以，在圖拉市中心一家餐廳吃過由奶油湯、沙拉和牛肉餅加馬鈴薯泥組合而成的簡單俄餐後，就直奔雅斯納亞·波良納而去。車子在鄉間道路上又行駛了 10 幾分鐘之後，終於，列夫·托爾斯泰的故居出現在我們眼前。

俄餐 1 —— 圖拉市

俄餐 2 —— 圖拉市

俄餐 3 —— 圖拉市

俄餐 4 —— 圖拉市

　　也就是說，從莫斯科到雅斯納亞·波良納，一輛賓士旅行車一路暢行需要 3 個多小時，想像一下，托爾斯泰時期乘坐馬車從雅斯納亞·波良納到莫斯科，路上得費多大的周折？如果不是一次次地出入莫斯科上流社會的社交場合，托翁怎麼可能寫出《安娜·卡列尼娜》這樣一個哀婉、淒美的女人為

列夫・托爾斯泰莊園 2 ── 雅斯納亞・波良納（五根樹幹那張）

列夫・托爾斯泰莊園 ── 雅斯納亞・波良納（白色屋子、綠色屋頂）

愛飛蛾撲火的故事？托翁又讓安娜·卡列尼娜為了佛倫斯基奔波在莫斯科和聖彼得堡之間，兩座城市之間的鐵路距離是 630 公里，乘坐高鐵需要 4 個多小時。

托爾斯泰時期，火車還算新生事物，它氣喘如牛地行進在鐵軌上的模樣，我們在電影中見識過。借助火車往來於兩城之間，不是今天我們所費 4 個多小時能夠完成的，所以，安娜·卡列尼娜才有可能與佛倫斯基的母親在火車車廂裡促膝長談；所以，安娜·卡列尼娜才有可能初會佛倫斯基；所以，安娜·卡列尼娜才有可能在莫斯科的火車月臺上回眸一笑。她的笑，當然是給比丈夫卡列寧瀟灑許多的佛倫斯基的。我們身為旁觀者看見的是，在直喘粗氣的列車旁，在車頭吐出散不盡的白霧中，一身黑衣、面色白皙的安娜·卡列尼娜真是「回眸一笑百媚生」。

大概，就是這一笑紊亂了列夫·托爾斯泰的心，這位年輕時遊走在莫斯科和聖彼得堡貴族社交圈的浪蕩子，在十二月黨人的啟悟下，又經歷了 1861 年廢除農奴制的革命，開始懺悔起年輕時的荒唐。作家的懺悔比普通人有情懷許多，你看，托爾斯泰想到的不是寫一部直白的懺悔錄，而是想透過譴責安娜·卡列尼娜不忠誠婚姻的故事來表達自己

的覺悟。哪會想到，安娜的笑如春風，吹開了已經植入列夫·托爾斯泰心靈深處那朵叫作人文關懷的花，花一開永不謝，初版至今已逾一百年的《安娜·卡列尼娜》，依舊以其永不凋零的藝術魅力，獨步於世界文學之林。只是，老托爾斯泰對往事的追悔未曾消弭，這就有了那個雖情深意切，卻得不到由喀秋莎而瑪絲洛娃的一個原諒，從而不得解脫的涅赫留多夫。

當年初讀《復活》，以為那只是文豪編的故事。而今回味《復活》，我疑惑：涅赫留多夫身上有多少托爾斯泰的影子？想必有，且不少。這才使解放了農奴、分了田地、為農奴辦了學校的列夫·托爾斯泰，依然不能擺脫良心的譴責，於是，隆冬之夜他獨自出走，繼而病死在離家不遠的小火車站裡。

1910 年 11 月，雅斯納亞·波良納大門裡的這條大道旁的白樺樹，已經枯枝敗葉，旁邊的湖水已經封凍，列夫·托爾斯泰選擇這樣的夜晚離開家，離開成就他成為世界一流作家的雅斯納亞·波良納，若不是胸中的塊壘無以消解，他斷然不會出此下策。今年 8 月的雅斯納亞·波良納，湖水波光粼粼、白樺樹鬱鬱蔥蔥、碧空如洗、白雲如絮，猶如我家鄉的秋天。我們沿著白樺樹大道慢慢往裡面走，走過一片蘋果樹林，一排低矮的紅牆簡屋是圈養馬匹

的場所，斜對面則是這個莊園的老主人、托爾斯泰外公居停的地方。再往深處走去，一棟白牆綠頂的2層小樓出現在眼前，它就是列夫‧托爾斯泰生活了82年的地方。相對於整個「明亮的林中空地」，故居顯得那麼狹窄，當我套上鞋套，在故居導覽員的帶領下，一處一處地參觀托爾斯泰書寫《戰爭與和平》、《安娜‧卡列尼娜》的房間時，更覺逼仄，尤其是文豪睡覺的床鋪，狹小得不可思議 —— 是俄羅斯人就喜歡生活在如此緊湊的空間裡，還是在簡樸生活思想的影響下，托爾斯泰的選擇？

列夫‧托爾斯泰莊園的白樺林之路 —— 雅斯納亞‧波良納

列夫·托爾斯泰肖像照，俄羅斯攝影家普羅庫金－戈斯基作品，1908 年

　　走出故居繼續行走，不遠處，就是列夫·托爾斯泰的墳墓了。奧地利作家史蒂芬·褚威格在一篇題為〈世間最美的墳墓〉中這樣描繪：「這只是一個長方形的土堆而已，無人守護，無人管理，只有幾株大樹蔭庇。」1 個世紀後，這裡依然是「沒有十字架，沒有墓碑，沒有墓誌銘，連托爾斯泰這個名字也沒有」，只是芳草萋萋爬滿了「長方形的土堆」──雅斯納亞·波良納墓木已拱。

　　但是，他從來沒有走遠。幫我們講解的故居解說員是一個 20 出頭的女孩，面容還算清秀，腰身卻已經粗壯。但她提及故居的主人，時而開懷、時而蹙眉、時而拘謹、時而鬆弛的樣子，讓我瞬間產生錯覺：列夫·托爾斯泰就在不遠處。此生參觀過的故居、博物館已經難以計數，也遇過幾位優秀的導覽員，比如山西省博物館的那一位，聲情並茂、循循善誘，但那是職業式的講解，不像眼前這位俄羅斯少女，講解就是一次將自己融化進托爾斯泰生活的過程。她的講解越是引人入勝，不安就越發攪動得我面紅耳赤：我竟敢不認真讀完《戰爭與和平》就來拜見列夫·托爾斯泰的在天之靈！

　　為了撰寫《戰爭與和平》，托爾斯泰特意請人將自己的臥房調整到故居中最安靜的一隅。我站在誕生《戰爭與和平》的房間裡，趁人不備向托爾斯

泰就寢過的窄窄床鋪深深地鞠了一躬，意思是，回
家之後，縱然俗事再多，我也一定抽空認真讀一遍
《戰爭與和平》，因為我已經知道，雖然托爾斯泰的
墓木已拱，但他從未走遠。只有認真讀完他全部作
品的讀者，來到托爾斯泰在雅斯納亞·波良納的故
居時，才能得到一代文學大師的啟悟。

列夫·托爾斯泰墓地 —— 雅斯納亞·波良納

不再回首，只為城南舊事？

夢裡，艾夫根尼·紀新[1]含笑坐在我對面，他的身後，纖塵不染的窗外，楓葉紅、銀杏黃。紀新身穿藍灰色和磚紅色相間的寬條襯衫，用中文侃侃而談他的藝術生涯。醒來，夢境還是那麼清晰地在我眼前晃動，我竟有點不敢動彈，怕身一動，夢飛遠。

夢見艾夫根尼·紀新，是因為睡前看了一部關於他的紀錄片《音樂天才》。因為一個祕而不宣的理由，關於紀新的中文資料少之又少，我好不容易找到的這一部紀錄片，沒有中文字幕。或許，是因為英語不是俄羅斯人艾夫根尼·紀新母語的緣故？影片拍攝於 1997 年，那時詩人離開美國到英國才 2 年，在英語世界裡才生活了 6 年。影片中，紀新的英語說得非常慢，我高度集中自己的注意力，才勉強聽到了關於紀

艾夫根尼·紀新

1　艾夫根尼·紀新（Evgeny Igorevich Kiss, 71 ～ ），俄羅斯古典鋼琴家。紀新生於莫斯科的一個猶太家庭，父親是工程師，母親是鋼琴老師。紀新 2 歲開始學琴，6 歲進入格涅辛音樂學院，師從安娜·帕芙洛芙娜·坎特爾。紀新天賦異稟，據說 11 個月大時就會哼唱巴赫的賦格，4 歲可以憑記憶彈出整首協奏曲。10 歲時，紀新在烏里揚諾夫斯克首次和管弦樂團合作，演奏了莫札特第 20 鋼琴協奏曲。11 歲便舉辦了首場個人獨奏會，還完成了蕭邦的第一和第二協奏曲，被視為神童。1988 年，紀新受邀在卡拉揚指揮柏林愛樂的年終音樂會上演奏了柴可夫斯基第一鋼琴協奏曲，開始獲得國際關注。1991 年，紀新和家人離開俄羅斯，在倫敦、紐約和巴黎等地居住。2017 年 3 月，紀新在布拉格和卡麗娜·阿爾祖馬諾娃完婚。

新的一些為什麼。

1971 年 10 月 10 日，艾夫根尼‧紀新出生，與家人住在莫斯科城南一間 3 房的公寓裡 —— 關於紀新的中文資料很少，但凡說到紀新，「與家人住在莫斯科城南一間 3 房的公寓裡」是必備的條目。一個鋼琴家的簡歷，為何必須強調他曾經住在哪裡？

2003 年 11 月 24 日凌晨，莫斯科盧蒙巴各族人民友誼大學發生的特大火災造成非常慘重的損失，28 人死亡，100 多人受傷。學校的所在地在城南。

2004 年 2 月 7 日凌晨，一枚烈性炸彈襲擊了莫斯科城南的一棟公寓，大量兒童被埋在公寓中。

「這位老師在莫斯科城南的一所語言學校進修。幾個月前，他外出到市場買菜時遇到了一幫街頭的小混混。不知怎麼一言不合，這幫小流氓一擁而上，把他打倒在地。幸虧和他一起去菜市場的一位老師施以援手，護住了他的頭，才沒有出大事。但他的一條腿已經被打斷了。」這段描述來自一位到俄羅斯留學的中國留學生，寫於 2008 年。

這些或記錄或描述的事實，多少反映了城南在俄羅斯首都莫斯科的「成色」。至於紀新與家人生活的 3 房公寓，條件如何？我們在莫斯科時的導遊小徐說，莫斯科大街上那些式樣難看的火柴盒一樣的公寓，大規模興建始於赫魯雪夫時期。為了讓莫

斯科人居者有其屋，赫魯雪夫時期的建築只求有，不求好，醜陋且粗糙。赫魯雪夫以後，執掌蘇聯牛耳的先後有布里茲涅夫、安德洛波夫、契爾年科、戈巴契夫。除了戈巴契夫，就城市建設而言，這幾位繼承了赫魯雪夫的衣缽，更有甚者，為了節約建築材料，從布里茲涅夫時期開始，公寓的樓高被設計得越來越低。小徐身高不高，175 公分左右吧！他說他所租住的公寓是契爾年科時期建造的，稍一縱身，他就能摸到家裡的天花板。

　　1971 年出生的紀新，所住公寓是赫魯雪夫時期或布里茲涅夫時期的。雖不像以後的公寓低矮得讓人覺得特別壓抑，但與父母、姐姐們起居在 3 房的公寓裡，擁擠是必然的。過於狹窄的空間給成長中的紀新帶來怎樣的心理陰影？除了面對鋼琴，艾夫根尼·紀新行動起來總是極不協調，比如，在《音樂天才》這部片子中，大量剪輯了他在皇家阿爾伯特音樂廳[2]獨奏音樂會的片段。片段中，一曲終了，紀新總是虔誠地向音樂廳四周的觀眾鞠躬致謝。他鞠起躬來，簡直就是一尊受人擺布的提線木偶。

　　不過，蘇聯時期，國家雖然在盡一切所能壓縮

2　皇家阿爾伯特音樂廳（Royal Albert Hall），位於英國倫敦西敏市區騎士橋的藝術地標，該音樂廳最眾所周知的活動是自 1941 年以來一年一度的夏季逍遙音樂會。自維多利亞女王在 1871 年為音樂廳開幕後，世界頂尖的藝術家都會出現在該地標。它每年舉辦超過 350 個演出，包括古典音樂演奏會、搖滾樂和流行音樂音樂會、芭蕾和歌劇、網球、頒獎典禮、學校和社區活動、慈善演出和豪華宴會。

人民的基本生活需求，但在人才培養方面，這個國家真是不遺餘力。

格涅辛音樂學院，莫斯科

　　格涅辛音樂學院[3]，由著名的格涅辛音樂世家創立於 1895 年。這所坐落在莫斯科的知名高等音樂學府，以乳白色的 3 層俄式建築群為主體，典雅而靜氣，是一個大師輩出的搖籃。儘管格涅辛音樂學院

3　格涅辛音樂學院（Gnessin State Musical College），建於 1895 年，位於俄羅斯首都莫斯科，是與莫斯科音樂學院齊名的音樂類高校，校名來自於 3 名創始人——格涅辛姐妹。

附設了附中和大專部，但對一個 5 歲的孩子來說，無論如何，格涅辛音樂學院的門檻都太高了。

可是，艾夫根尼·紀新是個天才。他 11 個月大時就能哼唱出擔任鋼琴教師的媽媽彈奏的巴赫《賦格》，2 歲開始學琴後不久，就有了背譜彈奏的能力，到了 4 歲，竟然能憑藉記憶完成一部協奏曲！瞧他那張舊照片，小小的人跪在琴凳上俯向琴鍵，像是還不能表達自己對鋼琴的愛之深切，索性張嘴向琴鍵啃了過去。憑藉天賦異稟，5 歲的紀新就被一向以嚴苛著稱的格涅辛音樂學院錄取，師從後來成為他終生鋼琴老師的安娜·帕芙洛芙娜·坎特爾[4]。然而，上帝對紀新的厚愛，就算是頂尖的音樂學院格涅辛也無法滿足他旺盛的求知慾。1981 年，10 歲的他開始到蘇聯專門為天賦優異的兒童開設的機構上課……。

與此同時，蘇聯開始給紀新這個音樂神童提供表演的舞臺，從 10 歲開始的鋼琴協奏曲，到隔年的鋼琴獨奏音樂會，再到蘇聯國家錄音廠美羅迪亞為其錄製的《俄羅斯鋼琴學派》第 10 集唱片……等等。解體前的蘇聯，用舉國體制將艾夫根尼·紀新捧在手心。紀新也沒有浪費天賦才華，12 歲起頻繁到美國、西德、日本、法國、英國等地演出，為祖

4　安娜·帕芙洛芙娜·坎特爾（Anna Pavlovna Kanto, 923 ～ ），俄羅斯音樂教育家、鋼琴家。

國贏得了榮譽。

　　一個願意傾其所有將紀新推向鋼琴家的最高殿堂，一個也在用自己的才華為祖國再添榮耀，兩相結合。1991 年前，世界樂壇大概有不少人猜測，蘇聯又將譜寫一曲將大衛·歐伊斯特拉赫[5] 推向小提琴演奏大師寶座的華章。當然，時間已經證明，這只是一個空想。1991 年，艾夫根尼·紀新和全家以及鋼琴老師安娜·帕芙洛芙娜·坎特爾一起流亡紐約，因母親不喜歡美國，4 年後，紀新和全家以及鋼琴老師安娜·帕芙洛芙娜·坎特爾一行又來到英國，定居倫敦直到今天。紀錄片《音樂天才》就拍攝於英國，那時紀新 26 歲，身穿藍灰色、磚紅色相間的寬條紋襯衫接受採訪的他，和穿著白色禮服在黑色、泛著優雅光澤的鋼琴前於皇家阿爾伯特音樂廳演出的他，交替出現在螢幕上，訴說著過往，呈現著當下。

　　當下是，華燈熄滅的英國皇家阿爾伯特音樂廳裡，唯有一束乳白色的聚光燈打在音樂廳舞臺的中央，那裡，剛剛還用彆扭姿態從走道走上來的紀新，只花了數秒鐘就將自己與鋼琴勾連起來，「未成曲調先有情」，從紀新水波一樣潋灩的眼神開始，李斯特、貝多芬、海頓、蕭邦、帕格尼尼、舒

5　　大衛·歐伊斯特拉赫（David Oistrak, 908 ～ 1974），蘇聯猶太裔小提琴家。

伯特，他們寫在紙上的音符變成了動人的聲音，先是鋼琴家自己，然後是座無虛席的皇家阿爾伯特音樂廳，全都被來自天國的聲音感染得失去了自主能力，只能隨著音樂搖擺、感慨、嘆息。

　　這一場音樂會，貼上了顯而易見的紀新獨奏音樂會標籤，蕭邦的作品是主角。當然，李斯特的激越、貝多芬的慷慨、海頓的無邪、帕格尼尼的跳脫、舒伯特的純淨，紀新的表達無懈可擊。可是，蕭邦是他隔世的靈與肉的知交呀！所以，蕭邦的夜曲作品 9 之 2、蕭邦第 3 鋼琴奏鳴曲、蕭邦的華麗大圓舞曲、蕭邦的馬祖卡……帕格尼尼大練習曲第 3 首，亦即李斯特的《鐘》節奏之快舉世公認，紀新在彈奏這部作品時，都從容得只在額頭有薄汗沁出，但他在加演蕭邦的馬祖卡時，因為是一部慢節奏的作品，紀新雙手觸琴的剎那那麼輕柔，優美的旋律淙淙而來後，紀新喃喃自語得更加急切，一直炯炯有神的眼睛緩緩閉上，熱汗如斷了線的珠子一樣啪嗒啪嗒從額頭順著臉頰掉下來。等到馬祖卡的最後一個音符縹緲在皇家阿爾伯特音樂廳的上空後，紀新站起來謝幕，又一次如提線木偶一樣向四周的樂迷鞠躬……我們看見，那件白色的禮服後背已經被汗水濡溼——紀新用蕭邦的作品串聯起他對蕭邦的感同身受：近鄉情怯、遠離後又掩飾不住

相思之苦，於是，只好用優雅的、憂鬱的琴聲在沉靜的夜色中獨自抒懷。這種身在異國、魂在故鄉的悲戚，蕭邦用他的一組組鋼琴作品表達得淋漓盡致。今天，紀新借蕭邦杯中的酒澆自己心中的愁悶，人們不禁要問：蕭邦是因為祖國淪喪而有家回不了？1997 年，蘇聯已經解體多年，已經不再是冥頑不靈的蘇聯，從倫敦搭上飛機，3、4 個小時就可以回到莫斯科，紀新為什麼不願回家？在鞋裡藏了數 10 美金忐忑不安地逃往美國的鋼琴家霍洛維茲[6]，不也回家了嗎？我豎起耳朵聽紀新怎麼訴說過往，但是，一部 100 分鐘的紀錄片看完，紀新的訴說，只是在告訴我們，即便是天才少年，他的練琴也是從每天只能安坐 20 分鐘開始的，然後，1 小時、2 小時……漸漸的，鋼琴成為紀新的心頭大愛，每天放學回家，他幾乎等不及脫掉外套就一頭撲到鋼琴面前，開始了他再練也不會厭倦的琴童生涯。

6　霍洛維茲（Vladimir Horowit, 903 ～ 1989），美籍俄裔鋼琴家。一生獲 24 個格萊美獎。霍洛維茲於 1903 年 10 月 1 日出生於俄國基輔，是基輔音樂學院布盧曼菲爾德的學生，1921 年畢業。1924 年演出於柏林，很快獲得國際聲譽。1925 年離開蘇聯，1928 年 1 月 12 日在美國紐約演奏柴可夫斯基第 1 號鋼琴協奏曲引起轟動。同年定居紐約，1933 年與多斯卡尼尼的女兒萬達結婚。1965 年 5 月 9 日在紐約卡內基音樂廳的演奏是中斷演奏藝術生涯 12 年後的復出演奏。從此逐步恢復公開表演，顯示他在斯卡拉第、蕭邦、李斯特、斯克里亞賓、舒曼和其他作曲家作品的才能。1986 年在他 82 歲高齡時重返蘇聯，於莫斯科和列寧格勒各舉辦了一場音樂會。

艾夫根尼·紀新演出照

　　1997 年，接受記者採訪的時候，紀新只談藝術，沒有一字半句涉及他和他的家人以及老師安娜·帕芙洛芙娜·坎特爾要流亡到美國的原因。又 17 年過去了，青年紀新也在自己的琴聲和幾乎走遍世界的痕跡中慢慢變成世界頂尖的中年鋼琴家，對至今「不肯過江東」的執念，他有沒有新的說辭？網路雖然無遠弗屆，我卻無從獲知這其中的隱祕。當他的獨奏音樂會一場一場地在臺灣、香港、日本等近在咫尺的國家舉行，並被樂迷熱捧為當世最值得一聽的現場時，可望而不可及的遺憾讓我總是試圖去破解 1991 年促使紀新攜全家、帶領老師遠走他鄉的原因 —— 是莫斯科城南那間 3 房的公寓給了紀新太多成長的煩惱？是格涅辛音樂學院的琴童生涯給了他太多的痛苦回憶？還是專門為天賦異稟的兒童開設的機構讓紀新不堪回首？所有的問號都是打在棉花上的拳頭，只有出擊沒有回應 —— 這些年，關於蘇聯，世界各地的出版物層出不窮，很好。可是，它無法幫助我理解紀新的出走。

　　那麼，紀新是一個偏執的人？不！在皇家阿爾伯特音樂廳的那場音樂會開始前，也許是鄰近的倫敦皇家音樂學院的一名學生，拿著紀新的唱片來請求紀新簽名。只見紀新沒有理睬經紀人的催促，微笑耐心地在男學生遞過去的唱片上寫上自己的

名字。得到偶像的簽名後，男學生雀躍著「飛」走
了，紀新大笑起來，那笑容，可比那時倫敦的燦爛
陽光。演出結束後，那件在演出中被濡溼的白色禮
服還沒有乾透，走到音樂廳門口，紀新被樂迷們團
團圍住，他們拿著唱片、票根、節目單等與音樂會
相關的物件讓紀新簽名，紀新又綻開笑容不厭其煩
地一一滿足了樂迷的要求。這樣一位鋼琴家，怎麼
可能偏執？

紀新的 CD

　　還是「故國不堪回首月明中」？那麼，是什麼
導致了不堪？那一段城南舊事到底包裹了怎樣的辛
酸苦痛？

隔排而葬，天堂裡已經比鄰了嗎？

　　小徐，中國黑龍江人。1990 年代，他離鄉背井來到俄羅斯，先讀書後當導遊，已經在莫斯科生活了近 20 年。小徐很胖，挺得高高的肚腩撐起 T 恤後，人未免顯得拖沓，但小徐沒有因此自輕，與我們相識不久就高調宣稱：「我是莫斯科最好的中文導遊。莫斯科的中文導遊都是我的徒弟。」

　　我當然不相信他的鬼話。

　　那一天，小徐帶著我們參觀新聖女公墓，指著淺褐色墓碑前的一尊漢白玉雕像告訴我們，他叫列維坦[1]，衛國戰爭時期的電臺播音員，因其出色的播音效果，在當時民眾中有極大的號召力，希特勒曾叫囂，一旦攻下莫斯科，他馬上要殺掉的 2 個人就是史達林和列維坦。看到一尊似乎還在翩翩起舞的芭蕾雕像，小徐告訴我們，這裡埋葬著烏蘭諾娃[2]，蘇聯時期傳奇的芭蕾舞演員，《天鵝湖》經由她的編舞已成定版經典。鬆弛地躺坐在椅子上的，是夏里

---

[1] 列維坦（Yuri Levita, 914 ～ 1983），蘇聯著名播音員、人民藝術家，猶太人，因其在蘇德戰爭期間的戰時廣播及其著名的開場白「請注意，莫斯科在廣播（俄語：Внимание, говорит Москва!）」而著名。蘇德戰爭期間，列維坦負責播送蘇軍戰報、最高統帥部命令和其他重要新聞。其播音音色優美、富有激情和表現力，對於鼓舞人民鬥志和宣傳國家號令產生重要作用。希特勒稱其為「頭號公敵」，並懸賞 25 萬德國馬克捉拿列維坦。1941 年冬，德軍兵臨莫斯科近郊時，擬定的 13 人黑名單中，第 1 名是史達林，第 2 名便是列維坦。也正因如此，列維坦得到了嚴密的安全保護，並隨著電臺先後轉移到斯維爾德洛夫斯克（今葉卡捷琳堡）和古比雪夫（今薩馬拉），但對外仍宣稱在莫斯科進行廣播。

[2] 烏蘭諾娃（Galina Ulanov, 910 ～ 1998），蘇聯最著名的芭蕾舞演員。

亞平[3]，十月革命後逃亡法國不久客死他鄉，留下的遺言是堅決不回家，但他還是被安葬在了這裡，可見，史達林有多跋扈。馬雅可夫斯基英俊、陰鬱的及胸雕像被安放在石柱上，呈三角形倒置、上面刻著翅膀和主人臉龐的墓碑屬於圖式飛機的設計者圖波列夫[4]，形似鋼板頭像浮雕下有 3 個彈洞的墓碑下埋葬著穿甲彈設計者拉夫里洛維奇[5]，黑色石墩上立著金色十字架的是《死魂靈》的作者果戈里之墓，旁邊設計成火箭樣、呈黑白色的墓碑是《變色龍》和《套中人》的作者契訶夫的……

契訶夫只是《變色龍》和《套中人》的作者嗎？小徐的戛然而止讓我判斷，自稱俄羅斯最好中文導遊的小徐，是知道並明瞭的。不是嗎？創作了大量短篇小說的契訶夫是全世界短篇小說之父，這沒錯。可是，作為戲劇大師的契訶夫恐怕要比短篇小說家契訶夫更加波詭雲譎、更加深廣無邊，也更具當代性。2014 年 4 月，臺灣戲劇導演賴聲川曾用聯

3　夏里亞平（Feodor Chaliapi, 873 ～ 1938），俄羅斯歌劇演唱家，男低音，曾在世界各國眾多歌劇院表演，主演多部電影（如《伊凡雷帝》和《唐吉訶德》），出版大量唱片，1927 年旅居巴黎期間因向白俄難民捐款，被撤銷「人民演員」的頭銜，1935 年底至 1936 年 4 月，夏里亞平曾在亞洲巡演。1938年，夏里亞平因白血病在巴黎逝世，多年後被蘇聯平反，1984 年由巴黎遷葬至莫斯科新聖女公墓。

4　圖波列夫（Andrei Tupole, 888 ～ 1972），蘇聯著名飛機設計師。

5　拉夫里洛維奇（Vasiliy Gavrilovich Grabin。1900 ～ 1980），，蘇聯軍械設計師·技術兵上將。蘇德戰爭中曾使用他主持製造的反戰車炮。宣導實施定型結構、統一規格和合理化生產工藝，並把設計與制定生產工藝相結合。

排劇的方式在上海東方藝術中心推出《讓我牽著你的手》和《海鷗》。美國劇作家卡羅·羅卡摩拉將契訶夫與其夫人 4 年間寫下的 800 封情書集合成劇，取名《情書》，被賴聲川拿來改名為更易被人接受的《讓我牽著你的手》，兩個人一齣戲，用溫婉感人的氣息渲染了契訶夫對愛情、等待和思念的詮釋，從中我們可以尋覓到戲劇在契訶夫心目中至高無上的地位，以及他為劇本創作殫精竭慮的過程。而《海鷗》則是契訶夫勇於進行戲劇實驗的例證，除了背景被賴聲川改換到了 1930 年代的上海，劇中人物的姓名也全部中國化讓人稍感不適外，賴聲川版的《海鷗》還是保留了契訶夫賦予《海鷗》的戲劇新氣象，那便是注重角色內心世界的挖掘、散點化的反戲劇表現方式，以及清新自然、平淡真實的戲劇風格等，無怪乎契訶夫被稱為「20 世紀現實主義戲劇的奠基者」。

然而，關於卓婭[6]的解說，又讓我相信，正如他自己所說，小徐是莫斯科最好的中文導遊。

莫斯科新聖女公墓裡的卓婭塑像，是一件青銅作品，她昂首挺胸、雙腿微彎，經過的人都會感嘆：卓婭真美。聽到有人稱讚卓婭的塑像很美，小徐正色道：「不是美，這座塑像揭露的是法西斯的

6　卓婭（Zoya Kosmodemyanskay, 923～1941），前蘇聯游擊隊員，蘇聯英雄（追授）。她是首位獲得此稱號的蘇聯女性，一位受尊敬的蘇聯女烈士。

馬雅可夫斯基之墓

烏蘭諾娃之墓

列維坦之墓

圖波列夫之墓

夏里亞平之墓

拉夫里洛維奇之墓

殘暴。卓婭被俘時年僅 18 歲，刑訊逼供不能讓卓婭就範後，德國法西斯開始輪姦她，用射擊逼迫她在雪地上不停歇地奔跑，割掉她的左乳頭……雕塑家為卓婭做的這尊塑像，正是卓婭被找到時的樣子：頭顱高昂是被繩索勒的，雙手背在身後是因為被繩子縛得死死的，雙腿微彎是因為被絞死時痙攣了，而敞開的左胸則告訴我們，那裡的乳頭已經不在了。德國法西斯的暴行激怒了史達林，他親自簽署了一道特別命令，絕對不允許接受殺害卓婭的德軍第 197 步兵師第 332 團任何官兵的投降，一旦抓到該團士兵，一律格殺勿」──講解至此，小徐憂戚地頓住了。

　　像是要給我們「小徐是莫斯科中文導遊們的老師」一個旁證似的，我們剛從卓婭的故事中回到藍天白雲下的莫斯科新聖女公墓，一個帶著一群遊客的女孩一路高喊「老師」衝向小徐奔跑過來。既然如此，我問小徐：「這裡有沒有音樂家的墓地？」小徐一愣，說：「我不知道團隊裡有喜歡音樂的。有啊，蕭斯塔科維契。」我的天！「一會兒我們去。」他說。

　　他果然不是很熟悉音樂家，在公墓裡轉了幾個來回才把我們帶至蕭斯塔科維契的墓地。回家以後端詳他人拍攝的蕭斯塔科維契墓地照片，才知道那

卓娅之墓— 2018

幅曾被刊登在《時代》（Time）雜誌封面上、蕭斯塔科維契頭戴鋼盔的著名照片，是我們前去參觀的那幾天由蕭斯塔科維契的樂迷輕輕地放在公墓裡最不起眼的墓碑上的。因其不起眼，無數次帶遊客來過新聖女公墓的小徐，只道得出他是《列寧格勒交響曲》的作者。沒錯，聖彼得堡被圍城的那 900 多天裡，蕭斯塔科維契創作的《第七交響曲》，又名《列寧格勒交響曲》，於 1942 年 3 月 5 日在當時更名為列寧格勒的聖彼得堡古比雪夫「文化宮殿」的禮堂首演，並同時對全國及國外做現場直播後，極大地鼓舞了蘇聯軍民的士氣。不過，戴著鋼盔、《列寧格勒交響曲》的作者只是蕭斯塔科維契的一個側面，只有讀過他的自傳《見證》後，再一部一部地聆聽蕭斯塔科維契的全部作品，才能了解和理解這個被史達林隨性和隨意地擺弄在雲泥之間的作曲家的無可奈何。

史達林替代列寧成為蘇維埃的最高統帥之後，蘇聯的藝術家們無一例外地如臨深淵。臨淵暗忖關乎自己命運，甚至生命的選擇。有的選擇放棄所有去投靠，比如寫出《青年近衛軍》這種作品的法捷耶夫；有的選擇死守自己的堅持，比如寫出《古格拉群島》等一批驚世之作的索忍尼辛。而蕭斯塔科維契，似乎被當局捧上了天和踩到了地獄都不是他

蕭斯塔柯維契之墓

自己的選擇，他猶如一葉扁舟，在蘇維埃的政治風浪裡隨波逐流，只求在難得的風平浪靜時將心裡的旋律寫在 5 線譜上，再高標一點的願望，就是希望能有機會在音樂廳裡聽到自己的作品。內心是熱情澎湃，言談舉止卻要跟著蘇維埃的政治風潮亦步亦趨，如此心境不能不訴諸蕭斯塔科維契的作品中，而其中的代表作，我認為是他的《第一大提琴協奏曲》。

　　年長羅斯特羅波維奇 [7] 21 歲的蕭斯塔科維契曾經教過他配器法，照理，21 歲的代溝讓他們只可能是師生關係，但是，蘇維埃的政治風雲讓他們這

7　羅斯特羅波維奇（Mstislav Rostropovic, 927 ～ 2007），俄羅斯大提琴演奏家、指揮家。

兩個不願意無原則地投靠當局的音樂家，很多時候只能抱團取暖。也許，在音樂素養上，蕭斯塔科維契是羅斯特羅波維奇的師長；而在處世之道上，後者恐怕給了老師不少切實可行的建議。所以，到了1950年代的後半期，兩人已經亦師亦友，也就是在這個時候，蕭斯塔科維契萌發了要為羅斯特羅波維奇寫一部大提琴協奏曲的念頭。

作品是在1959年完成的，並如作曲家本人所願，由學生羅斯特羅波維奇在當年10月於莫斯科首演。我們先透過唱片聽聽蕭斯塔科維契這部偉大的作品：作品第1樂章起始的那幾段樂句，咚咚咚咚，猶如不期而至的蘇聯國家安全委員會的敲門聲；又如作曲家逃遁的腳步聲；更像是作曲家在史達林政權統治下不知所措的心跳聲。寫《列寧格勒交響曲》的時候，蕭斯塔科維契大概未曾想到，史達林，這個面對德國法西斯的暴行勇於喊出格殺勿論口號的硬漢，猶如一枚硬幣，另一面是能給如蕭斯塔科維契一樣的藝術家帶來連連噩夢的暴君。從寫作《列寧格勒交響曲》的1942年，到寫作《第一大提琴協奏曲》的1959年，10多年的黑雲壓頂已經讓蕭斯塔科維契心頭堆積了太多的憤懣和不甘，他需要發洩，需要傾訴。我無數次地聽蕭斯塔科維契《第一大提琴協奏曲》的唱片，去現場聽麥斯基

（Misha Maisky）、古德曼（Benny Goodman）演奏蕭斯塔科維契的《第一大提琴協奏曲》也不下 10 次了，每一次聆聽，對作品第 1 樂章的起始樂句，我總是駭然地期待著，並且沒有一次例外地享受到了隱藏在作品裡的那種恐懼之藝術美。

1959 年 10 月，羅斯特羅波維奇在莫斯科成功演繹蕭斯塔科維契的《第一大提琴協奏曲》後，其世界一流大提琴演奏家的地位更加坐實。此刻，他不願意像摯愛的師友蕭斯塔科維契那樣，在強權之下唯唯諾諾，之後，當索忍尼辛用文學作品發難當權者時，羅斯特羅波維奇義無反顧地加入了聲援者的隊伍，不久便被迫逃離蘇聯，繼而被剝奪蘇聯國籍。

故鄉真是人們不可救藥的相思。1990 年，羅斯特羅波維奇重新獲得俄羅斯國籍後不久，就步履匆匆地回到了莫斯科。在這之後，他以俄羅斯籍音樂家的身分遊走世界各地，向熱愛他的樂迷奉獻他的琴藝。2007 年，因病死於祖國的羅斯特羅波維奇如願被安葬在新聖女公墓裡。

與死於 1975 年的蕭斯塔科維契的墓碑相比，羅斯特羅波維奇那以音樂元素為主體設計的墓碑大了許多，且中間隔了數排他人的墓地。不知道這對亦師亦友的音樂夥伴在天堂裡是否已經比鄰而居了？

因為，《第一大提琴協奏曲》是他們共同的孩子。

羅斯特羅波維奇之墓

看看，十二月黨人的女人們

　　列賓美術學院，坐落於聖彼得堡瓦西里島上的涅瓦河畔。雖然行程上有參觀列賓美術學院這一項，但是，以完成於 1789 年的乳白色建築為主體的列賓美術學院，驕傲地閉門謝客，訕訕之下我們只好用「看過列賓的作品就等於去過列賓美術學院」自嘲，聊以自慰。

　　遑論世界各地，就算是在莫斯科，列賓的作品也是多得讓人目不暇給。這不奇怪，也不令人意外，列賓一生真是畫海無涯苦作舟，完成的作品數量驚人！如此超負荷的創作，耗散了列賓的精力，也傷及了他的健康。晚年的列賓，因為畫得太多，手都萎縮了。但這位勤勉了一輩子的畫家，依然不肯放下畫筆，將畫板掛在脖子上，繼續畫。坊間有一種莫名其妙的默契，覺得天才和勤奮不可能集中在同一個人身上，於是，一些所謂的權威認定，列賓之所以能成為偉大的畫家，在於他的勤奮，而不是他的作品達到了偉大的等級。他的那些大型歷史題材的畫卷，確實能讓人們一睹之下被震撼得難以名狀，但那是題材的勝利，而不是繪畫技術的勝利。

　　過於專業的技術分析，對我這樣業餘的賞畫者來說，沒有意義。我只記得，在莫斯科紅場聖母安息主教座堂裡的那幅〈伊凡雷帝殺子〉複製品面

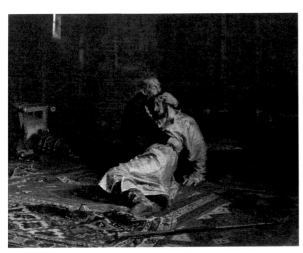

〈伊凡雷帝殺子〉，列賓作品

〈帕維爾‧特列季亞科夫〉，列賓作品

特列季亞科夫畫廊

前，滿地鮮血以及足踏兒子的鮮血、懷抱魂魄正在慢慢散去的兒子的伊凡雷帝，被列賓再現得直讓人混淆了生死界線！戰慄中我想，原作會更加濃墨重彩，帶給觀畫者的驚恐會更強烈嗎？

隔天，我們來到距離克里姆林宮不遠的一條名叫拉弗魯申斯基的小街上，等待特列季亞科夫畫廊開門。我回頭一張望，看見不遠處有一尊列賓的雕像，移步過去，看見緩緩流過的莫斯科河上，小橋的欄杆上掛滿了愛情鎖，不禁走上去一一撫摸……當時只覺是下意識，事後才知道，那是上天在預告：我將直視也許是人世間最對應「衣帶漸寬終不悔，為伊消得人憔悴」這句詩的愛情故事。

特列季亞科夫兄弟，是 19 世紀俄羅斯以紡織為業的大富翁，不甘心俄羅斯本土畫家的作品游離在歐洲畫廊之外的境況，就傾盡所有收藏了俄羅斯畫家的作品……今天的特列季亞科夫畫廊，是他們兄弟為俄羅斯畫家散盡錢財後，由受過他們恩惠的藝術家們，借用他們生前的住宅創立的。用本土畫家的作品構建起 18、19 世紀俄羅斯的風俗長卷，這是特列季亞科夫兄弟當年有意為之的無意之果，而要將這幅長卷化為文字，假以時日吧！現在，我只想去看看列賓〈伊凡雷帝殺子〉的真跡。

真跡上，鮮血果然更加濃稠，遊走的魂魄果然

更加依依不捨，伊凡雷帝臉上的驚慌和悔意果然更加縱橫交錯——可是，在特列季亞科夫畫廊裡，我的注意力被列賓的另一幅畫作吸引，〈意外歸來〉（*They Did Not Expect Him*）。

　　1825 年 12 月，沙皇亞歷山大一世[1] 突然逝世。皇帝暴亡，讓宮廷手足無措，唯一能做的，就是讓繼承者尼古拉一世[2] 迅速登基。但是，尼古拉一世成為沙皇需要一段時間，就在皇位真空的那段時間裡，一群深受法國啟蒙思想影響的俄國知識分子，將一場醞釀已久的計畫變成了事實，幾乎同時，他們在烏克蘭和聖彼得堡舉行武裝起義，希望以此推翻沙皇統治，實行君主立憲制。一場沒有得到廣大民眾理解，從而得不到他們支持的革命，注定以失敗告終，十二月革命被鎮壓了。1826 年，比斯捷爾等 5 位十二月革命的領導者被迅即登基的尼古拉一世處以絞刑，僥倖從絞刑架上逃脫的那些被後人稱為十二月黨人的俄國知識分子，被尼古拉一世發配到西伯利亞服苦役，不過，他允許他們的妻子不隨丈夫遠去苦寒之地，但前提是，她們必須與罪犯丈

1　沙皇亞歷山大一世（Alexander I of Russi, 777 ～ 1825），羅曼諾夫王朝第 14 任沙皇、第 10 任俄羅斯帝國皇帝，保羅一世之子。由於亞歷山大一世於拿破崙戰爭中擊敗法蘭西第一帝國的拿破崙一世，復興歐洲各國王室，因此被歐洲各國和俄國人民尊為「神聖王、歐洲的救世主」。

2　尼古拉一世（Nicholas I of Russi, 796 ～ 1885），俄羅斯帝國皇帝，1825 ～ 1855 年在位。保羅一世第 3 子。其兄亞歷山大一世死後無男嗣，次兄康斯坦丁大公放棄皇位繼承權，因此被立為俄國皇帝。

夫斷絕關係。

　　多麼熟悉！尤其對經歷過或回望過那段歷史的人們來說，讓夫妻一方與淪為罪犯的另一方離婚，已是當局制訂的天條，只是我們的說法是，劃清界限。1958 年和 1966 年的政治運動，不知道有多少對夫妻中的妻子或丈夫，因為對方被迫枉擔右派、走資派、反革命等虛妄罪名，而果斷與之斷絕關係、劃清界限。

　　可是，誰又有權利去責備與「罪犯妻子」或「罪犯丈夫」離婚的人呢？因為至親被打入另冊而生活艱難的例子，多得難以寫盡，最著名的例子是，劇作家吳祖光被打成右派以後，因為堅決不肯與丈夫離婚，評劇演員新鳳霞被打至癱瘓……。明知不可為而為之，我們將無比的崇敬獻給新鳳霞們，還有 100 多年前那些十二月黨人的妻子們，是的，尼古拉一世的一紙批文沒有解脫她們，而是讓她們掙扎在選擇的困境裡。

　　列賓，出生於 1844 年，假設少年時期的列賓開始關注社會，那麼，距離尼古拉一世鎮壓十二月黨人起義已經 30 多年。可

沙皇亞歷山大一世

尼古拉一世

〈意外歸來〉，列賓作品

是，時間並沒有減弱十二月黨人在俄羅斯有良知的知識分子心中的分量，又隔了數 10 年，畫家用 4 年的時間，將自己對十二月黨人的崇敬悉數呈現在這幅題名〈意外歸來〉的畫作中。

列賓將〈意外歸來〉的背景設計在春末夏初季節，此時的聖彼得堡，太陽和煦、大地舒展、水草豐美。午後，陽光柔和地灑進畫面上的這間屋子裡，扭轉身子的婦人坐在鋼琴前，顯然剛剛抬頭、眼裡滿是驚慌和不明所以的孩子們坐在桌旁，面前還有攤著的書本，至於那個驚異得忘記貴族禮儀膝

蓋跪在椅子上的婦人，想必在房門被推開前還在與孩子們共讀。不速之客打破了一個貴族之家午後的安謐，只是他們，除了開門的女僕面有慍色外，雖情緒各異，但都與驚喜有關，因為，打破他們午後安謐的，是他們熟悉的陌生人。他是跪在椅子上那位婦人的兒子，仔細一看，母親的脊背已經彎曲，母親的髮辮已經稀疏，那是因為兒子參加了十二月黨人的起義，被發配千里之外的西伯利亞後，長久的分離讓她有些疑惑，眼前這位破衣爛衫的男人，真的是她日夜思念的兒子嗎？鋼琴前年輕的婦人，是男人的妻子，丈夫被迫離去時他們也許剛剛結婚，對丈夫的身體還沒有熟悉，就墮入了無盡的相思中，而相思太久的那個人突然出現在眼前，妻子有些疑惑：是他嗎？而趴在桌子上回望的，是歸來者的弟弟和妹妹。哥哥離開時自己還小，可是，那時哥哥逗弄自己的神情從來沒有淡忘過，所以，弟弟的表情驚喜又意外。而妹妹，也許哥哥走時還未出生，她像是在問：你是誰呀？

　　畫於 19 世紀末的〈意外歸來〉，寫實的是 19 世紀末俄羅斯對十二月黨人的態度。列寧把十二月黨人稱為「貴族革命家」，「貴族中的優秀人物喚醒了人民」，是 19 世紀末俄羅斯對十二月黨人的蓋棺論定，列賓的〈意外歸來〉，與其說是如實反映了僥倖

逃過西伯利亞惡劣生存環境得以回家的一位十二月黨人的狀況，不如說是將 19 世紀末俄羅斯社會對十二月黨人的肯定和讚賞融進了畫面裡。

不是所有的十二月黨人都像畫中的那一位，能夠挨過惡劣的西伯利亞天氣、缺衣少食的監禁生活以及遠離親人的困厄。十二月黨人的起義失敗之後，他們的領袖比斯捷爾[3]、雷列耶夫[4]、卡霍夫斯基[5]、穆拉維約夫 - 阿波斯托爾[6]、別斯圖熱夫 - 柳明[7] 等以特等罪被處以極刑，數千名起義參加者被處以重刑，121 人被流放到人煙稀少、寒冷荒蕪的西伯利亞服苦役，他們中的大多數死於異鄉，成為孤魂野鬼。有的則因為他們的妻子在艱難的選擇面前，拋家捨子，拋棄了富足的貴族生活，為了愛追隨丈夫來到西伯利亞，從而讓服苦役中的丈夫時刻感受著至親的呵護。

十二月黨人紀念碑，聖彼得堡

3　比斯捷爾（Pavel Peste, 793 ～ 1826），俄羅斯十二月黨人將領。

4　雷列耶夫（Kondraty Ryleye, 795 ～ 1826），俄羅斯詩人、出版商，十二月黨人領袖。

5　卡霍夫斯基（Pyotr Kakhovsk, 799 ～ 1826），俄羅斯十二月黨人將領。

6　穆拉維約夫 - 阿波斯托爾（Sergey Muravyov-Aposto, 796 ～ 1826），俄羅斯十二月黨人將領。

7　別斯圖熱夫 - 柳明（Mikhail Bestuzhev-Ryumi, 801 ～ 1826），俄羅斯十二月黨人將領。

　　十二月黨人的女人們面臨的是怎樣艱難的選擇？「凡願意跟隨丈夫流放西伯利亞的妻子，將不得攜帶子女，不得再返回家鄉城市，並永久取消貴族特權。」尼古拉一世看到剛剛頒布的「只要哪一位貴婦提出離婚，法院立即給予批准」的法令，非但沒有讓十二月黨人的妻子們如他所意料的那樣迅即與丈夫離婚，還讓她們紛紛做出了隨夫遠行的決定，趕緊又頒布了「補充條款」。可是，條款並沒有嚇唬住那些肩不能挑、手不能提的貴婦們，她們堅信，丈夫在哪裡，愛人在哪裡，家就在哪裡！儘管，她們中的一些人很不理解丈夫為何要參與被後人稱為「富人要讓窮人過好日子」的十二月起義。很快，十二月黨人的妻子們中的特魯比茨卡婭，啟程去了西伯利亞的監獄。

　　特魯比茨卡婭，俄羅斯偉大的詩人普希金曾經愛慕過她，所以，她遠去西伯利亞途經莫斯科時，普希金參加了專門為特魯比茨卡婭舉行的歡送會，並在他的長詩〈波爾塔瓦〉中謳歌了夫人的忠貞：西伯利亞淒涼的荒原／你的話語的最後聲音／便是我唯一的珍寶、聖物／我心頭唯一愛戀的幻夢。

　　特魯比茨卡婭之後，陸陸續續又有不少十二月黨人的妻子們追隨而去，穆拉維約娃、唐狄、尤米拉·列丹久、波利娜·蓋勃里……尤其是波利娜·蓋

特魯比茨卡婭

勃里，這位法國女時裝設計師，在伊萬·安寧科夫被判流放西伯利亞時，她還沒有與之結婚。得知愛人因為參加起義而被捕、被流放後，已在服裝設計界頗有名聲的波利娜·蓋勃里馬上表示，願意去西伯利亞跟愛人舉行婚禮。大多數人都覺得，法國女孩都是被奢華的巴黎時尚溺愛大的，尼古拉一世也認定波利娜·蓋勃里一定是心血來潮，她大概還沒到西伯利亞就會開始後悔了，既然如此，尼古拉一世很快便批准了波利娜·蓋勃里的請求。令尼古拉一世意外的是，波利娜·蓋勃里很快出發來到西伯利亞，並很快與伊萬·安寧科夫完婚。

100 多名被尼古拉一世流放到西伯利亞的昔日貴族、今日的十二月黨人，沒有一個如尼古拉一世所預估的那樣，因為苦寒地區難以忍受的生活條件，而向沙皇當局告饒。他們用付出生命的代價或生命中最好年華的代價，保全了十二月黨人的名聲，而他們的付出，一定離不開妻子們的支持。十二月黨人的妻子們捨棄優越的生活條件，甚至生命，堅定地與自己的愛人站在一起。穆拉維約娃，只在條件過於艱苦的西伯利亞堅持了 7 年就魂歸西天，死

時還不到 30 歲。那些在巴黎與來自異國的男人結為連理的法國女孩中，也有被過於惡劣的生存環境折磨得病而死的，比如唐狄，幾經磨難終於在西伯利亞與丈夫見了面後，身體已經垮了，沒過幾年，也撒手人寰了。

　　唐狄、波利娜·蓋勃里、尤米拉·列丹久……這些法國女孩的選擇，至今在許多人心中都是一個謎：19 世紀的法國是全世界的時尚之都，有多少俄羅斯貴族為了巴黎的香氛和奢靡拋棄了家園，謀求成為一個法國人，而她們，卻願意為追隨試圖讓窮人過上好日子的俄羅斯貴族，將生命置之度外，為什麼？

　　法國，從來就不只出產香奈兒，在唐狄們追隨她們愛人的理想而去的一個世紀之後，法國女孩西蒙·韋伊，竟然親身體驗工人的重體力勞動，來驗證自己正在進行的哲學研究的可靠性，終因身體被勞動和缺乏營養的食物敗壞，於 34 歲那年死於倫敦的一家修道院。可見，善於左右世界時尚的法國女孩，最懂得生命何時最有價值。就好比西蒙·韋伊知道自己的價值在哲學研究中一樣，唐狄們知道，她們生命的微光，搖曳在俄羅斯十二月黨人的女人這一榮耀裡。

女人，是英雄永遠的手下敗將

　　認識丁玲，是倒過來的。先是那個臃腫的老嫗，坐在輪椅上，花白的頭髮不加修飾地梳向腦後，滿臉皺紋且浮腫，一件無所謂樣式的方領灰布外套，一條麵粉口袋似的布褲子。後來，我讀了幾乎成為丁玲代名詞的長篇小說《太陽照在桑乾河上》，脖子像是被人掐住似的，難受又說不出話來。再後來，讀到 1930 年代她與胡也頻上窮碧落下黃泉的愛情故事，以及與沈從文之間愛恨交加的一段公案，我有點不明白：女作家丁玲的魅力，從何而來？

　　前不久，丁玲少婦時期的一張照片在朋友圈裡被轉傳。照片上，瘦長白皙的臉，臉上一雙不大卻懾人魂魄地看著你我的眼睛，烏黑的齊肩亂髮努力整齊著，低領黑毛衣外一件淺色的時髦外套特別合體。我盯著這張照片裡的女人，記憶中的丁玲被徹底顛覆了，從而相信，丁玲曾經讓灑脫的胡也頻魂不守舍，也曾經讓木訥的沈從文成為話癆。不過，這張照片所處時期的丁玲，正在迷戀一個大人物，也就是說，除了天生麗質，丁玲那溢出照片的優雅性感，還因為欽慕一位大人物又得到呼應後，由內而外孳生出來。那麼，大人物何以能吸引那時已以《莎菲女士的日記》盛名文壇的女作家？各種猜測和推理紛繁雜遝，而我則堅定地認為，是大人物舉手

投足間流露的領袖風采，打動了丁玲。

如我們所知，那張照片上的丁玲，只是剎那的煙火。起初，她還能以文名享受高級待遇。但很快的，就被打倒。近 20 年的風餐露宿，讓照片上的丁玲消散在風中。再回到公眾面前，她已是不良於行、肥胖的老嫗。

有的女人用最寶貴的年華，給出一個讓天下人非常無奈的例證：女人是英雄的手下敗將，比如丁玲。有的女人，則用開到極盛因而枝繁葉茂的生命，給出一個讓天下人唏噓的例證：女人是英雄的手下敗將，比如娜傑日達·阿利盧耶娃[1]。

一個蘇聯人、一個俄羅斯人死後能否被葬在莫斯科的新聖女公墓裡，取決於他在政治、軍事、文化、醫學等領域是否為俄羅斯做出傑出的貢獻。正因為如此，蘇聯解體後，休克療法「造就」了一小撮富可敵國的金融巨頭，他們固然可以左右俄羅斯的經濟命脈，並致使俄羅斯經濟衰退，卻無法讓自己的肉身在新聖女公墓裡占據一席之地。因為，固執的俄羅斯人民堅定地認為：鈔票不可能成為進入新聖女公墓的通行證。直到今天，新聖女公墓裡還有不少空穴，卻沒有一塊墓碑上刻寫著：千萬富翁之墓。

1　娜傑日達·阿利盧耶娃（Nadezhda Alliluyev, 901 ～ 1932），前蘇聯最高領導人史達林的第 2 任妻子。

俄羅斯人民卻允許娜傑日達·阿利盧耶娃那尊漢白玉的雕像矗立在新聖女公墓裡，且常年有人在其如生前一般美麗動人的雕像前供奉鮮花。為什麼？被俄羅斯人民暱稱為娜佳的娜傑日達·阿利盧耶娃不是傑出的政治家、不是傑出的軍事家、不是傑出的文化使者，更不是傑出的醫學專家，1932 年，她死於非命時唯一的社會身分是當時蘇聯最高領導人史達林的妻子。血染克里姆林宮領袖夫人的臥室後，借由當年的政治氣候，娜傑日達·阿利盧耶娃被葬進了新聖女公墓，情有可原。可是，當赫魯雪夫那半黑半白的雕像被很多俄羅斯人側目時，娜佳的墳前卻鮮花「盛開」，這其中的密碼該如何破解？

1903 年的夏天，巴庫海濱，幾個兒童正在水邊嬉戲，突然，一個小女孩不慎落水。看見玩伴在水裡掙扎，小朋友們嚇得嘰哩呱啦亂叫。就在這個危急時刻，一位年輕的喬治亞男子縱身跳入海中，一把抓住正在下沉的女孩……女孩得救了，並牢牢記住了這位名叫約瑟夫·朱加什維利的年輕人的模樣，特別是當她得知他還是爸

赫魯雪夫之墓地

娜傑日達‧阿利盧耶娃之墓

爸謝爾蓋·雅科夫列維奇·阿利盧耶夫的親密戰友之後。

也就是在 1903 年，俄羅斯革命陣營發生了分裂，約瑟夫·朱加什維利堅定地站在布爾什維克那邊。從那時起直至 1917 年布爾什維克取得革命勝利，他一直積極進行黨的地下工作，曾被捕 7 次，多次被流放和監禁。在此期間，他使用了「史達林」（俄語意為「鐵人」）這一假名。從此，人們逐漸忘記了他的真名。1917 年，娜傑日達·阿利盧耶娃再見昔日的救命恩人時，人們已經改稱約瑟夫·朱加什維利同志為史達林同志，可是，娜佳還是一眼就認出，史達林就是當年那個在巴庫海濱瀟灑地躍入海中將她高高舉起的英雄。

於是，有人說，娜傑日達·阿利盧耶娃與史達林之間的愛情始於 2 歲的小女孩對英雄的膜拜。不過，也有人質疑過，因為他們不相信一個 2 歲孩子的記憶會那麼真切又牢固。但我卻相信那是真的，我的親身體驗能夠證明，一個 2 歲女孩的記憶，就是可以那麼真切又牢固。

醫學證明，「嬰兒的記憶大多還是短期記憶。直到 3 歲時大腦結構發育到可以儲存長期記憶，嬰兒才會形成我們通常所說的記憶。也就是說，我們對兒時最早的記憶一般開始於 3 歲。」（博聞網

HowStuffWorks：〈嬰兒有記憶力嗎？〉）但心理學又透過許多事例告訴我們，強烈刺激下，人的記憶能力會突破醫學水準。

娜傑日達·阿利盧耶娃 2 歲的時候，史達林 24 歲。一個 24 歲的男人在 2 歲女孩的眼裡，就是父親那樣可以依靠和崇拜的男人。這個男人在自己意外落水後奮不顧身地跳到水裡將自己救起，這一幕對娜佳來說就是一種強烈刺激，她完全可能把史達林的樣子烙印在自己的腦海裡，且貼上了一個標籤：英雄。人們都說，娜傑日達·阿利盧耶娃是在 16 歲那年與史達林一見鍾情的，哪是什麼一見鍾情！從 2 歲那年起，「史達林是個英雄」這一概念就已經在小小的阿利盧耶娃心裡生根，在以後的 14 年中，它發芽、壯大，終於盛開成一朵繁花，足以遮蔽一個有過婚史的 24 歲男人身上的所有毛病。從此，她開始追隨他，從聖彼得堡的家中到莫斯科的新政權。她成為克里姆林宮裡史達林的陪襯，而她不自知，陶醉在被英雄捧在手心裡的甜蜜中。

然而，與英雄的婚姻也與柴米夫妻的婚姻一樣，會從高潮滑入庸常。雖然，起始幾年的婚姻生活非常符合娜傑日達·阿利盧耶娃對成為英雄妻子的想像：住在莫斯科近郊石油大亨祖巴羅夫家族的別墅裡，操持家務、生兒育女。厭倦了平庸的家庭

生活後，可以隨時到學校去上學、陪伴丈夫去察里津前線視察……正是在學校上課的那段日子，娜佳目睹了蘇聯人民的日常生活並不像蘇維埃革命宣言裡所允諾的那樣幸福，人們最基本的生活必需品嚴重短缺。這讓衣食無憂的娜佳心生疑惑，開始質疑丈夫：他還是英雄嗎？

史達林與阿利盧耶娃

英雄的所作所為豈是一個女人可以責難的？哪怕這個女人曾經是他最摯愛的女人。夫妻齟齬到了1932 年的那個夜晚，終於爆發成一個不可逆轉的悲劇。

1932 年 11 月 8 日，十月革命 15 週年紀念日後的第 2 天晚上，為數不多的克里姆林宮重要人士在其中一人的家中舉行晚宴，慶祝蘇維埃的節日。

有人見證，為參加晚宴，娜傑日達·阿利盧耶娃精心打扮了自己：將一直梳成髮髻的頭髮披散下來，穿一件從德國進口的黑色連身裙，頭髮裡還插了一小把與連身裙十分相配的月季。但是，娜佳的精心打扮未能捕獲到丈夫的眼睛，她看見微醺的丈夫將麵包屑搓成小球後，從脖子處扔進圖哈切夫斯基將軍妻子的晚禮服裡。娜佳當然知道當晚的宴席有多重要，她不想，事實上也不敢因為自己的衝動而敗壞了大家的興致，就提醒丈夫停止騷擾圖哈切夫斯基將軍的夫人。然而，越喝越多的史達林哪裡還聽得見娘兒們的規勸（娘兒們，史達林對妻子的慣常稱呼，也是娜佳最痛恨的稱呼）？他粗野得更加破格，更加頻繁地將麵包屑搓成小球扔進將軍夫人的胸脯。娜佳忍無可忍，憤而離席。

等到曲終人散，醉意深沉的史達林回到了克里姆林宮，他與阿利盧耶娃爭吵了嗎？這似乎已不需要旁人作證。只有爭吵過，阿利盧耶娃才有可能飲彈而死。只是，爭吵中的阿利盧耶娃有沒有後悔過，自己曾經對英雄俯首貼耳？沒有答案。更悽楚的是，娜佳死時，蘇聯正處在言論極度不自由的狀態下，哪怕是娜傑日達·阿利盧耶娃的貼身女傭，都不敢說出 1932 年 11 月 8 日深夜，克里姆林宮領袖的官邸裡，究竟發生了什麼。美人到底是悲憤欲

絕以後將槍口對準了自己的太陽穴，還是丈夫一怒之下將槍口對準了 2 歲時被他救起、17 歲貌美如花時就嫁給他的娜佳，從而讓她成為自己槍下的冤死鬼？至今也沒有答案。

　　其實，阿利盧耶娃究竟是自殺身亡，還是被史達林打死的，已不重要。重要的是，娜佳的死，從精神到肉體再次證明，女人是英雄永遠的手下敗將。2 歲時被約瑟夫·朱加什維利毫不猶豫地從水中救出，16 歲時見證史達林以革命名義的種種果敢行為，那時娜佳心裡為史達林張貼的英雄標籤過於閃亮，她根本沒有想過，從果敢到殘暴之間的距離其實很短。她也就不會去翻閱，在史達林的辭典裡，其實沒有長久的朋友，也沒有長久的愛情。圖哈切夫斯基[2]，為了蘇維埃，其實更是為了史達林的江山，立下過怎樣的赫赫戰功？在史達林的眼裡他也只是臨時的戰友，所以，他會公然調戲圖哈切夫斯基的妻子，羅織罪名置圖哈切夫斯基於死地。處死圖哈切夫斯基後，竟任由受命於他的屠夫們，把將軍的屍體拖拽出遇害的地下室。並肩作戰的戰友尚且得到如此下場，更何況，史達林從來就沒有把女人放在眼裡過！沒錯，娜傑日達·阿利盧耶娃是史達林的第 2 任妻子。妻子，在史達林看來，只是女

2　圖哈切夫斯基（Mikhail Tukhachevsk, 893 ～ 1937），蘇聯紅軍總參謀長、蘇聯元帥，為蘇聯軍事理論「縱深戰鬥（Deep battle）」作出重大貢獻。

人的代稱，不然，圖哈切夫斯基太太的胸脯怎麼會成為他的遊戲處？不然，阿利盧耶娃怎麼會在盛開時節瞬間凋零於一聲槍響中？不然，史達林怎麼不肯出現在阿利盧耶娃的送葬隊伍裡？不然，阿利盧耶娃在人間的最後一程，史達林怎麼都不肯扶一下棺木送送她？

安葬在莫斯科新聖女公墓裡的娜傑日達·阿利盧耶娃，以一尊漢白玉雕像向我們證實，她曾經來過、愛過、幸福過、悲傷過、委曲求全過、焚心於火過，最終，玉石俱焚。我們站在婀娜的阿利盧耶娃雕像前懷念她，只是惋惜一對英雄美人沒能白頭到老嗎？那就辜負了雕塑家的一片苦心。君不見雕像組成部分的那隻手，粗壯、粗糙得不像是女人的手嗎？這隻看起來強而有力的手，屬於男人，是一隻摧花時，毫不憐惜的男人的手。

也許有人會說，阿利盧耶娃不幸，正巧遇到了越過英雄的界限，而成暴君的史達林。自古英雄多無情，西方的希臘神話、羅馬神話，東方的中國唐傳奇、日本幕府故事，多少冰雪聰明的女子，最終成為英雄的手下敗將？

「多情劍客無情劍，萬古柔情亡豪俠」，豪俠不想亡，只好劍斷柔情。

讓他醉吧！他已完成《展覽會之畫》

俄羅斯人的姓名又長又拗口，但這個名字我一下子就記住了，摩德士特·穆梭斯基[1]。因為，《展覽會之畫》中的「串場曲」《漫步》，如清泉一般叮咚作響，鋼琴版的《漫步》一響起，我就會默念一遍這個名字。我開始留心注意穆梭斯基，乍看俄羅斯畫家列賓畫他的一幅肖像，一愣之下我幾乎想要痛哭一場：這就是寫出《展覽會之畫》（*Pictures at an Exhibition*）和《荒山之夜》（*St John's Night on the Bare Mountain*）的穆梭斯基嗎？

穆梭斯基肖像

此次俄羅斯之行，我把去看看穆梭斯基寫在心願單上。不知道求證了多少次，肥碩的身體套一件玄色外套，玫瑰色的圍巾也許還是畫家為了畫面色彩豐富添加上去的。微微側向右邊的臉上，鼻尖圓而呈酒紅色，嘴巴被亂蓬蓬的鬍子遮住了，只看見那雙惺忪貌似匕首，實際上只看得見自己鼻尖的眼睛，一片空濛——列賓的這

〈穆梭斯基〉，列賓作品

1　穆梭斯基（Modest Mussorgsk, 839 ～ 1881），俄羅斯作曲家。他以歌劇《包利斯，郭都諾夫》、歌曲和鋼琴組曲《展覽會之畫》著名。他與鮑羅丁、李姆斯基—科薩科夫、居伊以及巴拉基雷夫組成「強力集團」或稱「五人團」，被認為是 19 世紀典型的俄羅斯本土作曲家。穆梭斯基早逝，其身後留下很多未完成或未配器的作品，由李姆斯基—科薩科夫、葛拉祖諾夫或拉威爾等人補充完成。

一張肖像，畫的就是摩德士特·穆梭斯基。可是，我的記憶固執地指向這樣的穆梭斯基：瘦削的身材穿一身戎裝，白淨的臉上五官清秀，分頭梳得非常講究，微彎的右腿筆挺的左腿在告訴我們，這個小夥子整裝待發了。此次俄羅斯之行，我就是想在聖彼得堡、穆梭斯基逗留時間最久的地方，弄清楚一個疑問：聖彼得堡軍事學院的穆梭斯基，是怎麼變成列賓畫筆下的穆梭斯基的？這真是一個自欺欺人的設問，難道我不知道是什麼害了穆梭斯基嗎？

是伏特加！

2001 年的冬天，我們去海參崴遊玩。停留在綏芬河等待前往目的地的火車時，我平生第一次真切體驗到「風像刀子一樣割在臉上」的滋味，不免有點擔憂：海參崴會冷成什麼樣子？換了軌道的火車繼續向北，2 個小時後，我們驚喜地發現，海參崴竟然比綏芬河溫潤許多。儘管如此，大洋已經封凍成一大片冰原，在縮頭縮腦的陽光照射下，冰原越發寂寥，只有當地的幾位老人，坐在冰面上垂釣。垂釣，是一項安靜的體育項目，看見他們如冰雕一樣坐在洋面上等待冰下的魚兒咬鉤，我忍不住想問：不冷嗎？矜持的俄羅斯人不屑回答我們的問題，我們只有自己觀察 —— 幾乎每一位垂釣者的腳邊，都豎著一瓶伏特加。

　　豈止是垂釣者的腳邊！我們所住飯店的門前有一家小店，半壁江山給了伏特加，而且，無論什麼時候進店，都會遇見幾個男人手肘撐在櫃檯上，和櫃檯裡的男人一人一瓶伏特加，相談甚歡。

　　於是我就想：伏特加一定是瓊漿吧？離開海參崴前，我特意跑到市中心那家貌似很高級的百貨商店，為家人挑選了一瓶伏特加。可是那酒，家人打開後只抿了一小口就束之高閣。曾經試過拿它做料酒炒一盤酒香草頭，硬是將南方油綠的嫩苜蓿，弄成了辛辣無比的醃臢物。

　　真應驗了「彼之毒藥，我之良藥」這一句老話，我不能忍受一小嘬的伏特加，對於穆梭斯基來說就是在茲念茲的瓊漿玉液，那一年，他才 38 歲，剛剛以歌劇《伯利士·郭都諾夫》向俄羅斯音樂界、知識界宣示：他的確是強力五人團裡最有天賦、最有才華的那一個。

　　摩德士特·穆梭斯基真是得上帝之寵愛，這個在靠近愛沙尼亞和拉脫維亞邊境的普斯科夫長大的富有地主家的兒子，只跟母親學了幾手鋼琴，便在 7 歲那年就能演奏以難度著稱的李斯特鋼琴小品了。1852 年，13 歲的穆梭斯基被送到聖彼得堡軍事學院讀書，業餘時間跟隨當時聖彼得堡的鋼琴名師安東·赫克學鋼琴。在安東·赫克老師的幫助下，

穆梭斯基的第一部作品《陸軍準尉波爾卡》問世，
也算是用音樂作品為自己的軍校生活做了總結。
1859 年，少尉穆梭斯基到莫斯科禁衛團任職，在那
裡，他結識了幫助他立志成為俄國人民音樂家的巴
拉基雷夫，開始研習貝多芬、舒伯特、舒曼等人的
作品。

　　1861 年，俄羅斯實行農奴制改革。這一改革
讓富有的地主家庭境況一落千丈，穆梭斯基不得不
離開莫斯科，回到普斯科夫 [2] 的家裡幫助兄弟管理
家庭財務。然而，越來越糟糕的家庭狀況已不能支
撐穆梭斯基做一個賺不到錢的音樂家，他只好到沙
皇的內政部工程科擔任聯絡員。枯燥乏味、因循守
舊的小職員生涯，幾乎折損了穆梭斯基的天賦和才
華。幸運的是，此時，他有密友巴拉基雷夫 [3]、玻
羅定 [4]、李姆斯基 - 科薩科夫 [5] 和居伊 [6]，他們在一起
談論藝術、哲學和政治，志趣相投的他們，自號為
強力五人團。雖然只有巴拉基雷夫一人為專業音樂

2　普斯科夫（Pskov），俄羅斯西北部的一個古城，位於聖彼得堡西南約 250 公里處。是普斯科夫州的首府。

3　巴拉基雷夫（Mily Balakire, 837 ～ 1910），俄羅斯鋼琴演奏家、指揮家和作曲家，以積極推動俄羅斯民族主義音樂而聞名。

4　玻羅定（Alexander Borodi, 833 ～ 1887），俄羅斯作曲家同時也是化學家。19 世紀末俄國主要的民族音樂作曲家之一

5　李姆斯基－科薩科夫（Nikolai Rimsky-Korsako, 844 ～ 1908），俄羅斯作曲家、音樂教育家。他和玻羅定、穆梭斯基、巴拉基雷夫和居伊並稱為「強力集團」。

6　居伊（César Cu, 835 ～ 1918），法裔－立陶宛裔俄羅斯軍官、作曲家、音樂評論家。

人，但強力五人團懷抱年輕人的膽氣喊出了「俄國音樂應該建立在俄國民族之上」的口號，並積極實踐，日後形成了和以柴可夫斯基為圭臬的學院派，不分軒輊的新俄羅斯樂派。

《荒山之夜》當是新俄羅斯樂派的扛鼎之作吧？後來，不知道被多少作家移用或化用為作品標題的穆梭斯基管弦樂作品，寫於他不得不再次回家鄉蟄伏度日的那些日子裡。在這部描寫萬聖節夜晚群魔亂舞的作品裡，彷若靈光乍現，穆梭斯基讓妖魔鬼怪在不和諧的音符及和諧中慢舞、熱舞、勁舞、狂舞，直到雞鳴鐘聲敲響，黎明來臨。不和諧，這神來之筆是不是啟發了美籍奧地利無調性音樂大師勳伯格？這還需要問嗎？

《荒山之夜》成功之後，穆梭斯基搬回聖彼得堡，以期再接再厲。音樂是心嚮往之的精神家園，可是，食不果腹的話，精神家園也會荒蕪一片。無奈之下，回到聖彼得堡的穆梭斯基先在內政部的林業科謀到一職以確保一日三餐，同時，著手創作歌劇《伯利士·郭都諾夫》。1869 年 12 月，第 1 稿完成，卻被馬林斯基劇院退回，穆梭斯基只好對自己的寶貝大動干戈，然而，完成於 1872 年 7 月的修改稿，再次不被馬林斯基劇院喜愛。沮喪至極，沮喪至極。穆梭斯基的落寞被聖彼得堡的一群歌手看在

眼裡，他們決定聯合起來幫助他們的作曲家。就在一次義演中上演了《伯利士·郭都諾夫》的第 3 幕，天啊！大獲成功，於是，穆梭斯基再次對作品做了精益求精的修改。1874 年 2 月 8 日，歌劇《伯利士·郭都諾夫》在馬林斯基劇院首演並大獲成功，可是，作曲家卻沒有像好友期待的那麼興奮，因為，他驚恐地發現，自己有了痴呆徵兆，就開始酗酒以獲取更強勁的創作靈感和動力。

　　世界上不知道有多少藝術家跌倒在酒精裡，以至德國哲學家尼采在他的經典著作《悲劇的誕生》中確立了一個術語──「酒神精神」。他認為，酒神精神象徵情緒的發洩，是拋棄傳統束縛、回歸原始狀態的生存體驗，人類在消失個體與世界合一絕望痛苦的哀號中，獲得生的極大快意。德國作曲家華格納曾經專門談到作為一種審美狀態的酒神現象或醉的熱情，只是，酒喝到怎樣的程度才能讓自己處於「醉的熱情」中，又不至於傷害到自己的健康，這是一個很難拿捏的分寸。試想，一瓶伏特加下肚，腦子裡哪有「把持」這個詞？列夫·托爾斯泰曾經酗過酒，但他懸崖勒馬，從而使自己的創作生涯幾乎保持到了生命的終點。穆梭斯基極富才華，但是，他距離偉大應該就是一堆伏特加酒瓶的距離吧！他被酒精俘獲了，陷入一個不可逆轉的奇怪循

環：不喝酒創作難以為繼，一喝酒又會過量，創作於是無法進行……。

1873 年，與穆梭斯基有很深交情的建築家維克多·哈特曼[7]去世，讓他備受打擊。來年，哈特曼的繪畫遺作展覽會在聖彼得堡的美術學校舉行，穆梭斯基前去觀賞後大受啟發，回家後將全部的感慨譜寫成鋼琴組曲《展覽會之畫》。

維克多·哈特曼

這部 19 世紀俄國最具獨創性的作品之一，由《侏儒》、《古堡》、《杜樂利花園》、《牛車》、《雛雞之舞》、《窮富猶太人》、《里莫日的市集》、《墓窟》、《女巫的小屋》和《大門》這 10 幅與維克多·哈特曼的圖畫有關的小品組合而成，用有間奏效果的《漫步》主題串聯起來。10 部標題小品，各有各的妙處，幾乎每一位愛樂者都能從中找到自己的最愛。不過，串場的《漫步》倒是人聽人愛，不是嗎？

令人傷悲的是，《展覽會之畫》後，穆梭斯基將自己的生命過多地用在「漫步」酒國裡，以致浪費了一位仁慈的上司准許的 3個月烏克蘭音樂之旅。朋友們痛心地告誡

7　維克多·哈特曼（Viktor Hartman, 834 ～ 1873），俄羅斯建築家、
　　畫家。

雛雞之舞，哈特曼繪畫作品

墓穴，哈特曼繪畫作品

大門，哈特曼繪畫作品

穆梭斯基停止酗酒，酗酒已經讓他浪費了才華、理不清思路。可是，當穆梭斯基聽從朋友們的勸告暫時遠離酒瓶後，他一臉的痴呆樣讓朋友們懷疑：是不是只有在酒精的輔佐下，穆梭斯基才是那個才華橫溢的作曲家？

酒精作用下，穆梭斯基從翩翩公子變成了列賓畫筆下的臃腫髒漢。在特列季亞科夫畫廊裡對我久久不願認可的穆梭斯基的肖像，我痛心疾首，暗自落著淚喃喃自語：讓他醉吧！他已經完成了《展覽會之畫》。

事實上，穆梭斯基在寫完《展覽會之

畫》的未定稿後不久，於 1881 年死於酒精中毒，年僅 42 歲。是他強力五人團的好友、作曲家李姆斯基 —— 科薩科夫對之加以整理後，才使之走進音樂會。之後，法國作曲家拉威爾聽到鋼琴版的《展覽會之畫》後，覺得用管弦樂表現會更加恢宏及更加貼近作品的內涵，就將其重新配器。從那之後，管弦樂版的《展覽會之畫》不脛而走，走遍了全世界，走到了今天。

不過，我更願意聆聽鋼琴版的《展覽會之畫》。8 月去俄羅斯時，我的心願清單上還有一項，就是到穆梭斯基的墓前問問他，怎會被杯中物糾纏得猝死於中年？此刻，鋼琴版的《漫步》是最適合的背景音樂。

穆梭斯基被埋葬在聖彼得堡的亞歷山大·涅夫斯基修道院裡。後來，我沒有去亞歷山大·涅夫斯基修道院。柴可夫斯基也葬在那裡，這位音樂成就遠遠高於穆梭斯基的俄羅斯音樂家，生前對穆梭斯基非常不屑。我怕我站在亞歷山大·涅夫斯基修道院的墓地裡，會聽見柴可夫斯基在嘀咕同為作曲家的穆梭斯基的不是，那是我非常不願意聽到的聲音。

穆索斯基之墓，位於聖彼得堡亞歷山大‧涅夫斯基修道

柴可夫斯基之墓，位於聖彼得堡亞歷山大‧涅夫斯基修道

官網

國家圖書館出版品預行編目資料

走過涅瓦大街：托爾斯泰、高爾基、普希金、
蕭洛霍夫……俄羅斯文學藝術的豐贍 / 吳玫 著.
-- 第一版 . -- 臺北市：崧燁文化事業有限公司，
2023.02
面； 公分
POD 版
ISBN 978-626-357-050-4(平裝)
1.CST: 旅遊文學 2.CST: 俄國
748.9　　111021373

走過涅瓦大街：托爾斯泰、高爾基、普希金、蕭洛霍夫……俄羅斯文學藝術的豐贍

臉書

作　　者：吳玫

攝　　影：孔燕

發 行 人：黃振庭

出 版 者：崧燁文化事業有限公司

發 行 者：崧燁文化事業有限公司

E-mail：sonbookservice@gmail.com

粉 絲 頁：https://www.facebook.com/sonbookss/

網　　址：https://sonbook.net/

地　　址：台北市中正區重慶南路一段六十一號八樓 815 室

Rm. 815, 8F., No.61, Sec. 1, Chongqing S. Rd., Zhongzheng Dist., Taipei City 100, Taiwan

電　　話：(02)2370-3310　　傳　　真：(02) 2388-1990

印　　刷：京峯彩色印刷有限公司（京峰數位）

律師顧問：廣華律師事務所 張珮琦律師

─ 版權聲明 ─

定　　價：580 元

發行日期：2023 年 02 月第一版

◎本書以 POD 印製